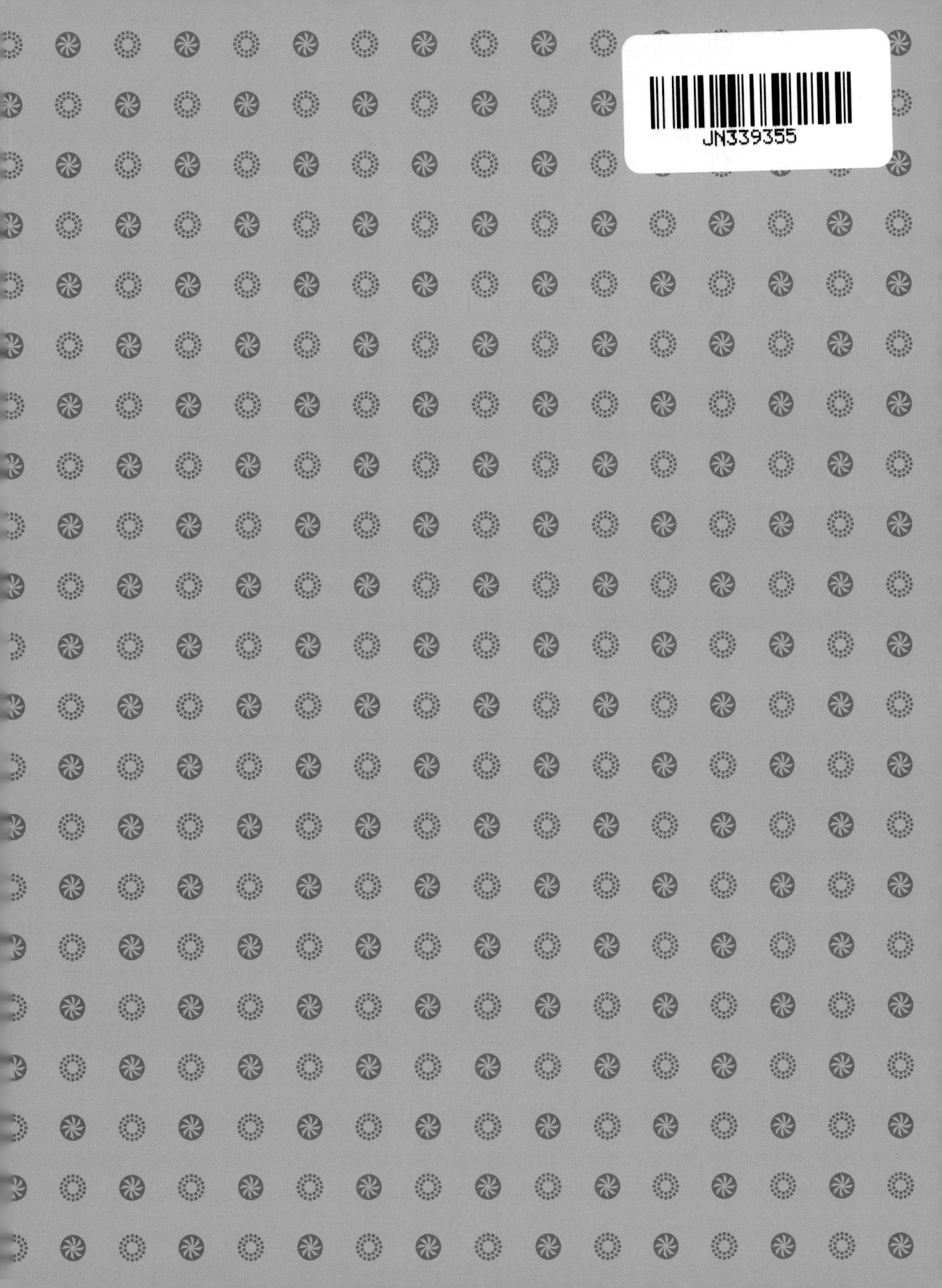

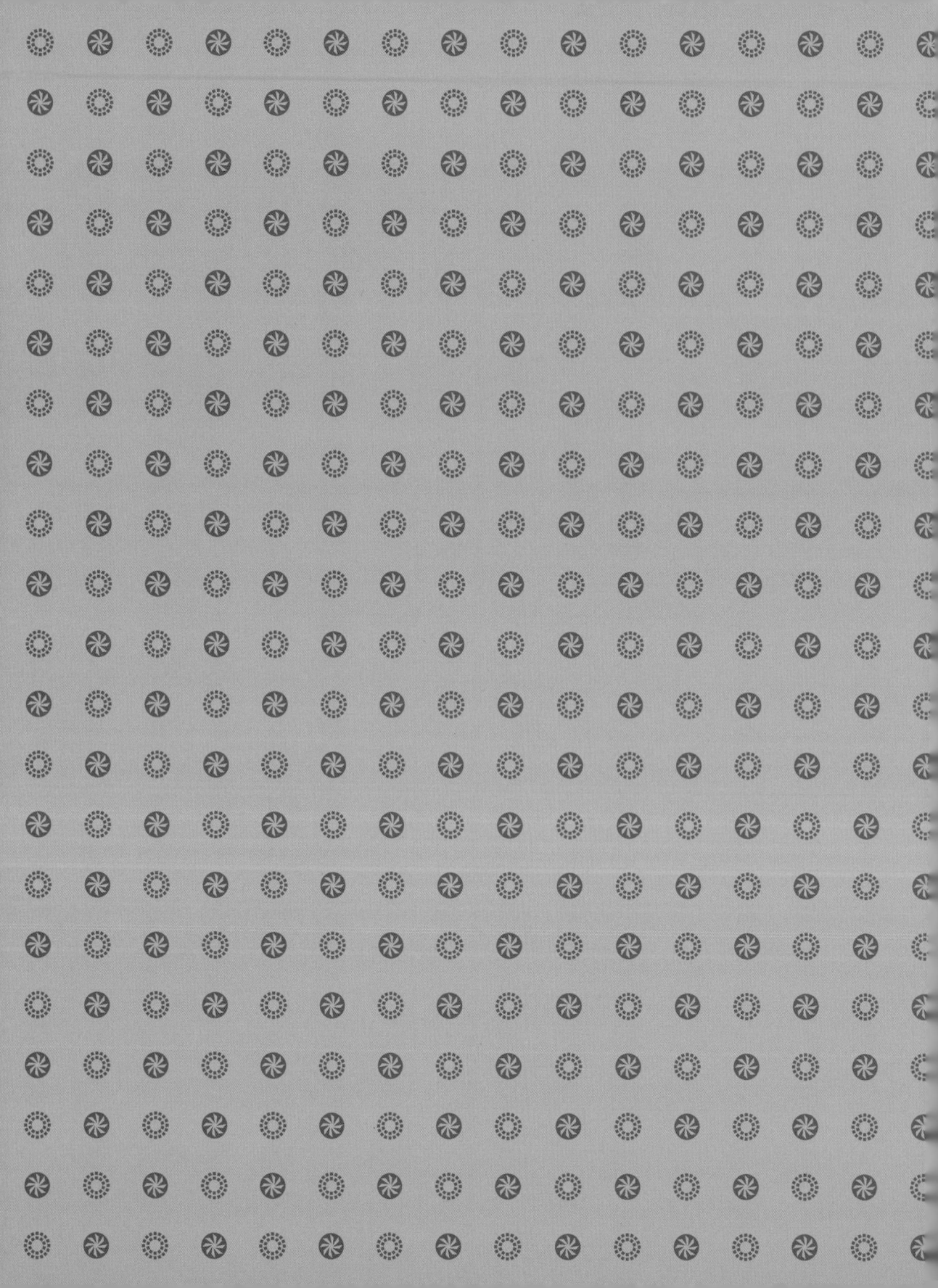

우리 신화로 만나는 처음 세상 이야기

서정오 글
오랫동안 초등학교에서 교사로 일하다가 지금은 퇴직하여 이야기를 씁니다. 특히 옛이야기 다시 쓰기와 되살리기에 힘쓰고 있습니다. 쓴 책으로《우리가 정말 알아야 할 우리 신화》,《호랑이굴로 장가들러 간 노총각》,《팥죽 할멈과 호랑이》등이 있습니다. 우리 신화를 아는 일은 이 땅에 살아온 우리 조상들의 숨결을 느끼는 일과 같습니다. 이 책이 우리 신화를 사랑하는 이들의 다정한 벗이 되기를 바라는 마음입니다.

허구 그림
서울대학교 미술대학 회화과를 졸업했습니다. 광고와 홍보에 관련된 다양한 일을 하다가 어린이책에 재치와 개성이 가득한 그림을 그리게 되었습니다. 그린 책으로《호랑이굴로 장가들러 간 노총각》,《말하는 까만 돌》,《처음 받은 상장》,《왕이 된 소금장수 을불이》,《만길이의 봄》등이 있습니다.

김열규 인터뷰
서울대학교 국문학과와 같은 학교 대학원에서 국문학과 민속학을 공부했습니다. 서강대학교 국문학과 교수, 하버드 대학교 옌칭 연구소 객원교수, 계명대학교 한국학연구원 원장을 지냈습니다.
쓴 책으로《한국인의 신화》,《장군별이 지켜준 인어장수: 김열규 할아버지가 들려주는 우리나라 신화》등이 있습니다.

우리 신화로 만나는
처음 세상 이야기

서정오 글 ˙ 허구 그림 ˙ 김열규(신화학자) 인터뷰

www.totobook.com

글쓴이의 말

겨레의 혼이 스민 이야기, 우리 신화

오랜 옛날부터 입에서 입으로 전해 온 이야기에는 그 겨레의 삶과 꿈이 스며들어 있게 마련입니다. 옛이야기란 머리로 꾸며서 만든 박제가 아니라 삶 속에서 절로 태어난 생명체이기 때문입니다. 그중에서도 신화는 겨레의 심성 깊은 곳에서 우러나온 이야기의 원형이라 할 수 있습니다.

그래서 우리 신화를 아는 일은 곧 겨레의 혼을 찾는 일과 같습니다. 그것은 아득한 옛날부터 이 땅에 살아온 우리 조상들의 숨결을 느끼는 일과도 같습니다. 또한 내가 어디서 왔는지 무엇을 타고났는지, 그 뿌리를 더듬는 일과도 같습니다. 신화를 통해 우리는 우리 선조들이 세상을 어떻게 보았는지, 이웃과 어떤 모습으로 어울려 살아왔는지, 무엇을 꿈꾸고 원했는지를 짐작할 수 있습니다.

이 책에는 우리의 바탕과 뿌리를 짐작케 하는 신화 여덟 편이 들어 있습니다. 입에서 입으로 전해 온 많은 신화 가운데에서 어떤 사물의 처음 또는 근본을 다룬 신화만을 골라낸 결과입니다. 이 세상은 어떻게 하여 생겨났으며, 땅은 왜 지금과 같은 모양이 되었는가? 나라가 생긴 이치와 해와 달이 생겨난 내력은 무엇인가? 사람들의 명과 복은 어떻게 정해지며 새 생명은 어디에서 태어나는가? 이 같은 물음에 나름대로 답하는 이야기라고 할 수 있습니다.

물음에 답하는 이야기라고는 하지만, 이야기는 어디까지나 이야기일 뿐입니다. 그러니 이야기를 읽고 난 다음 '이것이 사실일까?' 따위의 고민에 빠질 필요는 없습니다. 신화를 깊이 읽고 싶은 사람이라면 '이것은 무엇을 뜻할까?' 정도의 의문은 가져 볼 수 있겠지만, 이 또한 너무 심각하게 따지는 것은 권하고 싶지 않습니다. 다시 말하지만 신화는 그저 이야기일 뿐입니다. 따라서 머리로 따지기보다 가슴으로 느끼며 읽는 편이 제격이며, 심각하게 '공부'하려 하기보다는 편하게 '즐기는' 쪽이 슬기로운 것입니다.

이야기를 쓸 때는 구전되는 본을 꼼꼼하게 살폈지만, 본모습에 매달리기보다는 쉽고 친근한 모양으로 다듬는 데 힘썼습니다. 너무 길고 복잡한 이야기는 조금 추리고 줄였으며, 본디 노래로 전하는 것은 이야기의 성질에 맞게 고쳤습니다. 또 글은 누구나 읽기 쉽게 입말을 살려 썼습니다. 이렇게 나름대로 애를 쓴다고는 했지만, 제대로 되었는지는 모르겠습니다. 그것을 판단하고 평가하는 일은 오로지 이 책을 읽는 이들의 몫입니다. 부디 이 책이 우리 신화를 사랑하는 이들의 다정한 벗이 되기를, 또한 우리 겨레 문화가 다시 피어나는 데 작은 보탬이라도 되기를 바랍니다.

서정오

책 읽기의 차례

004 글쓴이의 말 │ 겨레의 혼이 스민 이야기, 우리 신화

114 온고지신 인터뷰 │ 할머니의 따스함이 느껴지는 우리 신화

122 온고지신 정보 마당 │ 거인 여신, 설문대할망이 만든 제주도

- **008** 미륵님과 석가님 —세상의 처음—
- **020** 마고할미와 설문대할망 —땅이 생겨난 내력—
- **028** 선문이 후문이 —나라의 시초—
- **040** 궁산이와 명월이 —해와 달의 유래—
- **054** 생불아기 삼신할멈 —생명의 탄생—
- **066** 당금애기와 세존 스님 —명과 복의 뿌리—
- **086** 자청비와 문도령 —농사의 기원—
- **106** 백 장군과 해동국 공주 —겨레의 터전—

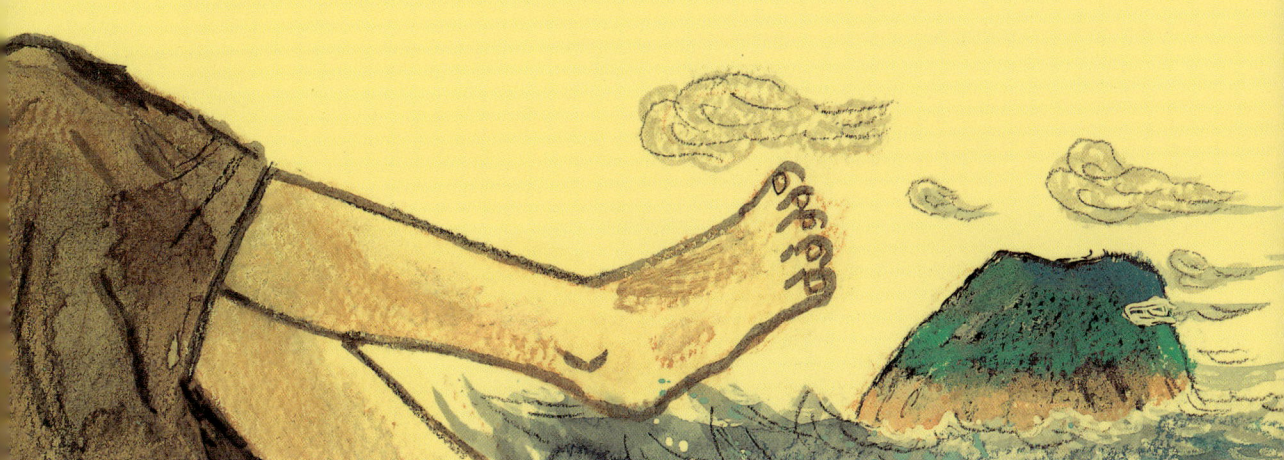

미륵님과 석가님 ·세상의 처음·

이 세상은 처음에 어떻게 하여 생겨났으며, 누가
만들었을까? 세상이 처음 생겨날 때는 어떤 모습이었을까?
지금 우리가 사는 세상과는 무엇이 같고, 무엇이 달랐을까?
오랜 옛날부터 사람들은 이러한 궁금증을 가졌고, 그것을
이야기로 풀어내기 시작했지. 이것이 바로 세상 만든
이야기(창세 신화)가 태어난 배경이란다. 그럼 이제부터 세상이
처음 생긴 이치를 알아보러 까마득한 옛날로 돌아가 볼까?
여기에 나오는 미륵님과 석가님은 불교에서 말하는 미륵불
석가모니와는 다르다는 것도 알아 두면 좋겠네.

옛날 옛날 까마득한 옛날, 세상이 처음 열릴 때 일이야. 이때는 밤도 없고 낮도 없고 물도 없고 불도 없고 하늘도 땅도 서로 붙어 한 덩어리가 돼 있을 때였지.

미륵님이 하늘을 떼어 내어 위로 둥글게 펼치니 하늘이 솥뚜껑처럼 볼록하게 됐고, 땅에는 네 귀퉁이에 큰 구리 기둥을 세워 하늘을 받치니 비로소 세상이 열렸어. 그리고 하늘에는 해와 달을 붙여 밤과 낮을 만들었지.

그런데 하늘에 해도 둘이요 달도 둘이라, 낮이면 너무 뜨거워 짐승들이 밖에 나다닐 수가 없고 밤이면 너무 추워 짐승들이 잠을 잘 수가 없었어. 미륵님이 그걸 보고 해 하나 달 하나를 떼어 내어 별들을 만들었지. 해 떼어 낸 부스러기로는 큰 별 잔별 만들고 달 떼어 낸 부스러기로는 북두칠성 남두칠

성을 만들었어. 그래서 하늘엔 해 하나 달 하나 별 여러 개가 생겼지.

이렇게 세상이 열리긴 했지만, 아직도 땅 위엔 물도 없고 불도 없고 사람도 없었어.

이때 미륵님이 땅 세상에 내려왔어. 내려와 보니 입을 옷이 없네. 그래서 옷을 지으려고 옷감을 구했어. 이 산 저 산 길게 뻗은 칡덩굴을 걷어 내어 껍질을 벗기고 잘게 쪼갠 뒤에 꼬고 삼고 이어서 실을 만들었지. 그런 다음 하늘 아래 가장 높은 산 위에 베틀을 놓고 구름 속에 잉앗대를 걸고 베를 짰어. 들며 짱짱 나며 짱짱, 가다 짤칵 오다 짤칵, 이레 밤 이레 낮을 쉬지 않고

잉앗대 베틀에서 날실을 걸어 놓는 긴 막대기

짜 내어서 커다란 장삼 한 벌을 지어 입었지.

미륵님 몸집이 워낙 커서 장삼 한 벌에 베가 들기를 등거리에 한 필, 소매에 반 필, 앞섶에 닷 자, 옷깃에 석 자나 들었어. 그러고도 베가 남아 고깔을 짓는데, 한 자 세 치를 떼어 내어 지으니 정수리도 못 덮어. 두 자 세 치를 떼어 내어 지으니 이마도 못 덮어. 석 자 세 치를 떼어 내어 지으니 겨우 귀를 덮을 만큼 되었더래.

그러고 나서 미륵님이 밥을 먹는데, 세상에 불도 없고 물도 없어 곡식을 그냥 생긴 대로 먹었어. 익히지도 않고 불리지도 않고 날것 생것으로 먹으니 몇 섬 몇 말을 먹어도 배가 안 차거든. 미륵님이 곡식 익힐 불을 찾고 곡식 불릴 물을 찾았지만 어디에 있는지 알 수가 있어야지. 불과 물의 근본을 찾자고 갖은 짐승들을 찾아다녔어.

먼저 메뚜기를 찾아가 물었지.

"여봐라, 메뚜기야. 불과 물의 근본을 네가 아느냐?"

"밤이면 이슬 받아 먹고 낮이면 햇살 받아 먹고 사는 작은 벌레가 어찌 그런 것을 알겠나이까? 나보다 일찍 태어난 개구리한테나 물어보십시오."

그래서 개구리를 찾아가 물었지.

"여봐라, 개구리야. 불과 물의 근본을 네가 아느냐?"

"밤이면 젖은 벌레 잡아먹고 낮이면 마른 벌레 잡아먹고 사는 작은 생명이

장삼 길이가 길고 소매를 넓게 만든 스님의 웃옷
시우쇠 불에 달구어 단단하게 만든 쇠붙이

어찌 그런 것을 알겠나이까? 나보다 일찍 태어난 생쥐한테나 물어보십시오."

그래서 생쥐를 찾아가 물었지.

"여봐라, 생쥐야. 불과 물의 근본을 네가 아느냐?"

그러니까 생쥐가 미륵님께 되물어.

"제가 만약 불과 물의 근본을 찾아 주면, 미륵님은 저한테 무엇을 주시렵니까?"

그래서 미륵님이 대답을 했지.

"네가 만약 불과 물의 근본을 찾아 준다면 이 세상의 뒤주를 다 네게 주겠다."

그러니까 생쥐가 가르쳐 줘.

"금강산 깊디깊은 골짝에 들어가 차돌 한 짝 시우쇠 한 짝 찾아낸 다음, 그 둘을 툭툭 치면 불이 날 것입니다. 또 백두산 높디높은 봉우리에 올라가 하늘에 맞닿은 연못을 찾은 다음, 그 아래로 꼬불꼬불 물길을 내면 물이 생길 것입니다."

미륵님이 그길로 금강산 깊은 골짝에 들어가 차돌 한 짝 시우쇠 한 짝을 찾아냈지. 그 둘을 양손에 쥐고 툭툭 치니 과연 불이 나더래. 또 백두산 높은 봉우리에 올라가 하늘에 맞닿은 연못을 찾았지. 그 연못 아래로 꼬불꼬불 물길을 내니 과연 물이 흐르더래. 이때부터 세상에는 불과 물이 생기게 됐단다.

그다음에 미륵님이 높은 산에 올라가 한 손에 금쟁반을 들고 다른 손에 은쟁반을 들고 하늘에 빌었어. 땅 위에 사람이 살게 해 달라고 말이야. 그랬더니 하늘에서 작은 벌레 열 마리가 나풀나풀 내려오더니 금쟁반에 다섯 마리 은쟁반에 다섯 마리 떨어지더래. 미륵님이 그 벌레 열 마리를 정성으로 길렀더니, 벌레들이 자라나서 금벌레는 남자가 되고 은벌레는 여자가 됐어. 그 다섯 쌍이 부부 되어 자식을 낳으니 식구가 많아졌지. 이로써 세상에는 사람이 살게 됐단다.

이렇게 해서 생길 것이 다 생기니 세상에는 아쉬운 것이 없어. 날씨는 사시사철 따스하고 바람은 산들산들 불고 비는 알맞게 와서 푸나무가 천지에 그득 했지. 또 농사를 지으면 곡식 이삭이 한 그루에 열 송이 스무 송이씩 열려 섬으로 먹고 말로 먹어도 지천으로 남아났어. 게다가 사람들은 다 착하고 인정 많아 서로 돕고 위하며 사니, 말 그대로 태평세월이야.

석가님이 이걸 보고 좋은 세상이 탐이 나 미륵님한테 와서 졸랐어.

"어리석은 미륵아, 이제부터 이 세상은 내가 차지할 테니 너는 곱게 물러

가거라."

그러니까 미륵님이 거절을 했지.

"욕심꾸러기 석가야, 그런 말 말아라. 아직은 내가 다스릴 세상이지 네가 다스릴 세상은 아니다."

그래도 석가님은 물러서지 않고 졸랐어. 서로 달라느니 못 주겠다느니 옥신각신하다가 미륵님이 의견을 하나 냈지.

"그러면 우리 둘이 내기해서 이기는 쪽이 세상을 다스리기로 하는 게 어떠냐?"

"그것 좋다."

이렇게 해서 둘이 내기를 했어. 둘이 동해 바다에 가서, 미륵님은 금병에 금줄을 달고 석가님은 은병에 은줄을 달아 바다에 드리우고 누구 것이 오래 버티나 내기를 했지.

"만약 내 병의 줄이 끊어지면 네가 이기고, 네 병의 줄이 끊어지면 내가 이기는 것이다."

내기를 시작한 지 이레 만에, 갑자기 큰 바람이 불고

큰 물결이 일더니 은줄이 툭 끊어져 은병이 바닷속으로 풍덩 빠지네. 그래서 석가님이 지고 미륵님이 이겼지. 하지만 석가님은 물러서지를 않아.

"내기를 어찌 한 번만 하겠느냐? 한 번 더 하자."

"그러지."

이번엔 둘이서 성천강으로 가서, 누가 강물을 빨리 얼게 하는지 내기를 했지. 먼저 미륵님은 동지 되기를 기다렸다가 하늘에 제사를 지내고 강물을 얼렸어. 그러니 매운바람이 쌩쌩 불어 얼음이 좀 잘 어나? 눈 깜짝할 사이에 강물이 얼어붙어 온통 새하얀 얼음판이 됐지.

그런데 석가님은 입춘이 돼서야 하늘에 제사를 지내고 강물을 얼렸어. 그러니 훈훈한 바람이 불어 그 어디 잘 어나? 얼다가 녹고, 얼다가 녹고. 이래서 이번 내기에도 석가님이 지고 미륵님이 이겼지. 하지만 석가님은 이번에도 순순히 물러서지를 않아.

"삼세판이란 말도 있지 않으냐? 한 번 더 하자."

"쯧쯧, 할 수 없지."

이번에는 둘이서 사방 서른 자나 되는 너른 방으로 갔어. 구들장 밑에 모란꽃 씨앗을 뿌려 놓고 둘이서 잠을 자는 사이에 꽃이 누구 쪽으로 피어 올라오는지 보기로 했지.

"만약 모란꽃이 피어 내 무릎 사이로 올라오면 내가 이기고, 네 무릎 사이

동지 양력 12월 22일이나 23일경으로, 일 년 중에 낮이 가장 짧고 밤이 가장 긴 날
입춘 양력 2월 4일경으로, 봄이 시작된다고 하는 날

로 올라오면 네가 이기는 것이다."

둘이서 잠을 자는데, 미륵님은 마음 놓고 깊이 잠들었건만 석가님은 반쯤만 잠이 들었어. 그러다가 석가님이 살짝 눈을 떠 보니 모란꽃이 어느새 활짝 피어 미륵님 무릎 사이로 솔솔 올라오거든. 그 꽃을 살그머니 꺾어다가 자기 무릎 사이에 꽂아 놨어.

미륵님이 잠에서 깨어 그것을 보고 꾸짖었지.

"예끼, 이 축축한 흑심꾸러기 석가야. 내 다 안다, 다 알아. 그런 속임수로 굳이 나를 이기려 든다면 내가 져 주는 수밖에."

미륵님은 악착같은 성화가 귀찮아 그만 석가님께 세상을 넘겨주기로 했어. 주면서 한마디 예언을 했지.

"이 의뭉스런 석가야. 네가 애꿎은 꽃을 꺾은 탓에 이제 이 세상엔 오래가는 꽃이 없을 것이다. 꽃이 피면 열흘이 못 가고 꽃나무를 심으면 십 년이 못 갈 것이야."

그때까진 꽃이 한 번 피면 십 년도 가고 백 년도 가고 꽃나무를 한 번 심으면 천 년도 가고 만 년도 갔건만, 그때부터 꽃 목숨이 짧아진 거래. 그러고 나서 미륵님은 석가님께 단단히 당부를 했어.

"이 엉큼한 석가야, 잘 들어라. 네가 이 세상을 차지하거든 아무쪼록 법을 반듯하게 하여 밝고 맑게 다스려라. 그러면 세상도 태평스러워지겠거니와, 만약 그렇지 않으면 세상에 재앙이 올 것이다. 집집마다 욕심꾸러기 나고 마을마다 사기꾼 나고 곳곳마다 싸움꾼 날 것이니 부디 조심하여라. 또 네 세

상 될라치면 삼천 스님과 일만 거사 날 것인즉, 그이들을 잘 이끌어 흐린 세상 맑게 하는 데 쓰도록 해라."

이렇게 당부 남기고 미륵님은 떠났지.

미륵님이 떠난 지 사흘 만에 과연 어디선가 삼천 스님과 일만 거사가 나타나더래. 석가님은 그이들을 데리고 산속에 들어가 도를 닦았어.

그런데 하루는 도 닦는 곳에 노루 사슴이 많이 왔어. 때마침 모두 밥 먹은 지 오래되어 시장할 때라, 스님들과 거사들이 노루 사슴을 모조리 잡았지. 그리고 그 고기를 잘라 꼬챙이에 꿰어서는, 큰 나무 베어 불을 지펴 놓고 구워 먹는 판이야.

모두들 정신없이 먹는데, 그 가운데 단 두 사람이 꼬챙이를 땅에 내던지고 일어섰어.

"아무리 배가 고프기로서니 목숨은 다 같은 목숨인데 이리해서야 쓰나."

그러고는 더 깊은 곳으로 들어가 마음을 깨끗이 하고 도를 닦았지.

삼천 스님과 일만 거사 가운데 단 두 사람만이 그렇게 해서 성인이 됐고, 나머지 스님들과 거사들은 모두 죽어서 산마다 바위가 됐다는 거야.

지금 세상에 욕심꾸러기와 사기꾼과 싸움꾼이 설치는 건 다 그때 석가님이 미륵님 당부를 잘 안 들었기 때문이래. 또 많은 스님들과 거사들이 바위가 돼서 사라졌기 때문이기도 하고. 하지만 희망이 아주 없는 건 아니지. 단 둘뿐이긴 하지만, 성인이 된 스님과 거사가 이 세상 어디엔가 아직 남아 있을 테니까 말이야. ★

마고할미와 설문대할망

— 땅이 생겨난 내력 —

우리가 사는 땅에는 산도 있고 강도 있고 바다도 있지.
이런 것은 어떻게 만들어진 것일까? 만약에 누군가 일부러
그것을 만들었다면, 그 사람이야말로 어마어마한 힘을 가진
커다란 사람이었을 테지. 큰 사람 이야기(거인 설화)는 이러한
상상력을 밑거름 삼아 생겨난 재미있는 신화란다.
우리나라에는 옛날부터 반도에는 마고할미 이야기가,
제주도에는 설문대할망 이야기가 전해 오는데, 여기서는
두 거인 할머니를 한자리에 모셨으니 어서 만나 보려무나.

옛날 옛날 먼 옛날, 이 세상이 처음 열린 지 얼마 안 되었을 때 이야기야.

　천태산에 마고할미라는 거인 할머니가 있었는데, 몸집이 어찌나 큰지 키는 하늘에 닿을 듯하고 팔다리는 십 리나 되고 손발은 산더미만 했지. 밑에서 쳐다보면 허리께에 구름이 감겨 얼굴이 안 보였다니 그 얼마나 커?

　마고할미는 몸집만 큰 게 아니라 힘도 엄청나게 세서 못하는 일이 없었어. 그때는 땅이 밋밋해서 산도 없고 골짜기도 없었거든. 그런데 마고할미가 돌아다니면서 온 산천을 다 만들었어. 어떻게 만들었는고 하니, 평평한 데를 다니면서 손으로 죽죽 그으면 그게 산이 되고 골짜기가 됐지. 흙이 쌓인 곳은 산이 되고 흙이 팬 곳은 골짜기가 된 거야. 한번은 마고할미가 동해 바다

와 서해 바다에 한 발씩을 디디고 서서 손으로 큼직하게 땅을 죽 훑었는데, 그게 태백산 산줄기가 됐다나.

또 흙이 패서 비탈진 곳에다가 마고할미가 오줌을 누면 그 오줌이 흘러내리면서 강이 됐고, 움푹 팬 곳에 물이 고이면 호수가 됐어. 걸어 다닐 때 생긴 발자국은 웅덩이가 됐고, 일하다가 앉아서 쉰 곳은 죄다 평평해져서 너른 들판이 됐지.

한번은 마고할미가 바다에를 갔는데, 오만 바다를 다 돌아다녀 봐도 물이 발목까지밖에 안 차오르거든. 그런데 들리는 소문에 강화도 앞바다가 깊다고 그런단 말이야. 그래서,

"그 얼마나 깊은가 보자."

하고 찾아가서 발을 담가 보니 정강이까지 쑥 들어가더래.

"어이쿠, 여기가 정통이구나."

그래서 그곳이 '정포'가 됐지.

또 마고할미가 오만 들판을 다 돌아다녀 봐도 두 다리 쭉 뻗고 걸을 만한 데가 없더래. 그런데 들리는 소문에 김제 들판이 넓다고 그러거든. 그래서,

"그 얼마나 너른가 보자."

하고 찾아가서 들판 이쪽 끝에 한쪽 발을 디디고 저쪽 끝에 다른 발을 디디니까 다리를 쭉 뻗고 설 만하더래.

"옳지, 여기가 징검징검 다닐 만하다."

그래서 그곳이 '징개맹개들'이 됐지.

마고할미는 또 몸치장을 좋아해서 여러 가지 꾸미개를 주렁주렁 달고 다녔는데, 그중 하나가 바위 귀고리야. 커다란 바위에 구멍을 뚫고, 그 구멍에 쇠줄을 꿰어서 귀에 걸고 다녔다는 거지. 지금도 우리나라 곳곳에 구멍 뚫린 커다란 바위가 있는데, 그게 다 마고할미가 달고 다니던 귀고리래.

또 마고할미는 노는 것도 좋아해서 여러 가지 놀이도 즐겨 했는데, 그중 하나가 공기놀이야. 손이 크니까 예사 공깃돌로는 못 놀고 커다랗고 둥글둥글한 바윗덩이를 가지고 놀았다지. 그 공깃돌이 지금도 지리산 기슭에 남아 있다나.

한번은 마고할미가 성을 쌓으려고 치마에 돌을 담아 날랐어. 바다 건너에서 커다란 돌을 주워다가 치마에 담아서는 첨벙첨벙 바다를 건너와 이쪽 뭍에 쏟아서 성을 쌓았지. 그게 지금 거제에 있는 피왕성이래. 성을 다 쌓고 나서도 돌이 남아서 바다에 던져 버렸는데, 그것이 죄다 돌섬이 됐어. 거제 앞바다에 떠 있는 섬들이 다 그때 생긴 거래.

또 한번은 마고할미가 산을 하나 짊어지고 가는데, 등에 올려놓은 산이 자꾸 미끄러지니까 동아줄로 꽁꽁 묶어서 그 줄을 멜빵 삼아 어깨에 멨어. 그렇게 해서 가다가 그만 줄이 끊어지는 바람에 산이 쑥 빠져 버렸네. 그런데 마고할미가 귀찮아서 그 산을 거기 그냥 내버려 두고 갔더래. 그 산을 처음에 짊어진 곳이 경주이고, 빠진 산을 내버려 두고 간 곳은 밀양이야. 그래서 지금도 밀양에 '경주산'이라는 산이 있다나.

마고할미가 만든 것은 그 밖에도 많아. 금강산도 마고할미가 만들었다는데, 방귀를 뀌어서 방귀 바람에 바위가 깎인 곳은 절벽이 됐고 장난삼아 산을 손가락으로 푹푹 찌른 곳은 구멍이 뚫려 동굴이 됐다지. 넓적한 바위 벼랑이 죽 이어져 있는 건 마고할미가 보던 책이고, 기다랗고 끝이 뾰족한 바위가 우뚝우뚝 서 있는 건 마고할미 쓰다 버린 바늘이래.

뭍에 살던 마고할미가 제주도에 건너가서 설문대할망이 됐어. 설문대할망이 치마폭에 흙을 담아 와 쏟아부어서 한라산을 만들었지. 그때 치마폭 뚫어진 구멍으로 흙이 조금씩 흘러내려 쌓인 것은 오름이 됐어. 한라산 기슭 군데군데 볼록 솟은 오름이 다 그때 생긴 거래. 큰 구멍으로 흘러내린 것은 큰 오름, 작은 구멍으로 흘러내린 것은 작은 오름이 됐지.

한라산을 다 만들고 나서 설문대할망 얼굴에 맺힌 땀이 한 방울 똑 떨어졌는데, 그 땀방울이 만든 호수가 한라산 꼭대기에 있는 백록담이래.

설문대할망이 한라산을 베개 삼아 베고 누우면 다리가 바다에 닿아서 물

장구를 쳤다는 거야. 한번은 설문대할망이 한라산을 베고 누울 때 다리를 잘못 뻗는 바람에 바다에 떠 있는 섬을 건드렸는데, 이때 발가락에 찔린 자국이 동굴이 됐대. 지금 서귀포 앞 범섬에 있는 동굴이 그때 생긴 거래.

또 설문대할망이 빨래를 할 때, 한쪽 발은 바다에 있는 작은 섬을 디디고 다른 쪽 발은 제주도 끄트머리를 디디고 앉아 바닷물에 빨래를 했어. 그때 빨랫돌로 썼다는 섬이 제주 바다 여기저기에 있어. 또 그때 할망이 빨래를 하다가 오줌을 눈 곳은 죄 땅이 패서 내가 됐지. 한번은 오줌 눌 때 오줌 줄기가 워낙 세서 땅덩어리가 통째 그냥 바다로 떠내려갔는데, 바로 그게 일출봉 앞에 있는 소섬이야.

한번은 할망이 속곳이 없어서 제주도 백성들한테 부탁을 했어.

"내 속곳을 만들게 명주 백 통을 모아 주면, 뭍으로 이어지는 다리를 놔 주겠다."

그래서 제주도 백성들이 명주를 모았는데, 온 섬을 달달 긁어도 아흔아홉 통밖에 못 모았어. 딱 한 통이 모자라서, 그 때문에 다리를 못 놨지. 그때 설문대할망이 다리를 놓다가 만 곳이 지금도 남아 있는데, 그게 모슬포 앞바다에 있는 기다란 곶이래.

이것 말고도 제주도 곳곳에는 설문대할망이 남겨 놓았다는 자취가 많이 있어. 손자국도 있고 발자국도 있고 선 자국도 있고 앉은 자국도 있지.

선문이 후문이 ・나라의 시초・

세상이 생겨나고 땅 모양도 갖췄으니, 이제는 사람들이 모여 사는 나라가 있어야겠지? 선문이 후문이 이야기를 들어 보면 나라가 생긴 내력을 대강 알 수 있을 거야.
하지만 신화는 말 그대로 이야기일 뿐이니까 사실로 믿을 필요는 없겠지. 만약에 제주도 신화 '대별왕 소별왕' 이야기를 들어 보았다면 이 이야기가 그것과 매우 비슷하다고 느낄 거야. 이처럼 비슷한 이야기가 왜 생겨났을지 생각해 보는 것도 재미있을 거야.

옛날 옛적 갓날 갓적, 하늘에는 동두칠성 서두칠성 남두칠성 북두칠성 태일성 태백성 견우직녀성 생겨나고, 땅에는 떡갈나무에 떡 열리고 싸리나무에 쌀 열리고 말 머리에 뿔이 나고 쇠 머리에 갈기 날 적 이야기야.

  이때는 어떻게 된 일인지 날짐승 길짐승이 다 말을 하고 사람은 말을 못 했어. 그것을 불쌍히 여겨 하늘나라 칠성님이 두 동자를 데리고 땅 세상에 내려왔지. 무슨 소리든 잘 듣는 '들으랑'과 무슨 모양이든 잘 살피는 '살피랑'을 데리고 왔어. 와서는 산으로 다니면서 송홧가루 닷 말 닷 되를 얻어 온 세상에 뿌렸지. 그러자 날짐승 길짐승은 모두 입을 닫고 사람만이 말을 하게 됐어.

송홧가루 소나무 꽃에 맺히는 꽃가루

칠성님이 일을 마치고 세상 곳곳을 구경 다니는데, 이 마을 저 마을 이 집 저 집 살피면서 다니다 보니 날이 저물었네. 동쪽 산머리에 솟은 해가 서쪽 바다에 지고 날짐승 길짐승도 집 찾아 들어가니, 칠성님도 잠잘 곳을 찾아야 되겠거든. 잠잘 곳 찾아 이리저리 다니다 보니 마침 어느 곳에 불빛이 빤하기에 칠성님이 두 동자더러 분부를 했어.

"들으랑아, 들어 보아라. 살피랑아, 살펴보아라. 저것이 뉘 집 불이냐?"

살피랑이 잘 살피고 와서 아뢰었지.

"저 집은 다름 아닌 매화 마을 매화 부인 집이옵니다."

들으랑도 잘 듣고 와서 아뢰었어.

"저 집 주인 매화 부인은 아리땁기 꽃과 같지만 이십 년 동안 문밖에 나온 적 없어 아무도 본 사람은 없다 합니다."

칠성님이 듣고 나서 분부를 했어.

"됐다. 그리로 가자. 오늘 밤은 거기서 묵으리라."

칠성님이 매화 마을 매화 부인 집으로 가 하룻밤 묵고 가기를 청하니, 매화 부인이 정화수 한 그릇 떠 놓고 하늘을 향해 옥황상제께 물었어.

"상제님, 상제님. 문을 열어야 합니까, 열지 말아야 합니까?"

그랬더니 하늘에서 소리가 들리기를,

"문을 열면 걱정거리 하나에 기쁜 일 두 가지가 들어올 것이요, 문을 열지 않으면 걱정거리 하나에 기쁜 일 두 가지가 달아날 것이니라."

하거든. 매화 부인 가만히 생각해 보니 비록 걱정거리 하나 있더라도 기쁜

일이 두 가지 들어오면 그 아니 좋으랴 싶어서 문을 열어 주기로 했어.

"쇠지기야, 쇠 열어라. 이십 년 동안 잠가 놨던 쇠 열어라."

"문지기야, 문 열어라. 이십 년 동안 연 적 없는 문 열어라."

이십 년 동안 굳게 잠겼던 쇠가 철컥 열리고 문이 활짝 열리니, 칠성님이 그 문으로 활개 치고 들어갔지. 매화 부인은 방을 치우고 손님을 맞아들인 뒤 손수 저녁밥을 차려 대접을 했어. 그러고 나서 잠자리를 펴는데, 요도 하나뿐이라 하나만 깔고 이불도 하나뿐이라 하나만 펴고 베개도 하나뿐이라 하나만 놨지.

그래서 그날 밤 주인과 손님이 한 요 깔고 한 이불 덮고 한 베개 베고 잠을 잤어.

매화 부인 초저녁에 꿈을 꾸니 오른 어깨에 해가 돋고, 한밤중에 꿈을 꾸니 왼 어깨에 달이 돋고, 첫새벽에 꿈을 꾸니 푸른 용과 누른 용이 서로 엉켜 용틀임하며 하늘나라로 올라가 보이거든.

밤이 다 지나가고 아침이 되자 매화 부인 칠성님께 꿈 이야기를 하고 꿈풀이를 부탁했어.

"초저녁에 꿈을 꾸니 오른 어깨에 해가 돋고, 한밤중에 꿈을 꾸니 왼 어깨에 달이 돋고, 첫새벽에 꿈을 꾸니 푸른 용과 누른 용이 서로 엉켜 용틀임하며 하늘나라로 올라가 보이더이다. 이것이 좋은 꿈입니까, 나쁜 꿈입니까?"

칠성님이 듣고 꿈풀이를 하는데,

"해는 곧 나요 달은 곧 부인이니, 해와 달이 함께 돋아 뵈는 것은 나와 부인이 인연 이룸을 뜻하는 것이오. 푸른 용과 누른 용이 뵌 것은 아들 쌍둥이 얼음이요, 그 둘이 용틀임하며 하늘로 올라가는 것은 장차 큰사람 됨을 가리키는 것이오. 그 꿈, 장히 좋소."

이러거든. 그 말을 마치고 칠성님이 떠나려 하자 매화 부인이 옷자락을 잡고 물었어.

"만약에 장차 아들 쌍둥이 태어나 아버지를 찾자고 하면 무엇으로 증표를 삼으리까?"

그 말을 듣고 칠성님이 품에서 방울 세 개를 꺼내어 매화 부인에게 건네줬어. 하나는 검은 방울이요, 하나는 흰 방울이요, 하나는 오색 방울이야.

"만약에 아들 쌍둥이가 날 찾으러 가겠노라 하면 이것을 내주시오."

그 말을 남기고 칠성님은 하늘로 올라갔지. 아니나 다를까, 매화 부인은 그달부터 배가 불러 오기에 모든 일에 삼가고 조심을 했어. 반듯한 자리가 아니면 앉지를 않고, 좋은 소리가 아니면 듣지를 않고, 아름다운 것이 아니면 보지를 않고, 깨끗한 음식이 아니면 먹지를 않았지. 걸을 때도 조심조심 누울 때도 조심조심, 일어설 때도 조심조심 앉을 때도 조심조심. 이렇게 삼가고 조심하며 열 달이 지나 아기를 낳으니 과연 아들 쌍둥이야. 먼저 난 아이를 선문이라 이름 짓고 뒤에 난 아이를 후문이라 이름 지었지. 성은 하늘나라 칠성님 아들이라고 '성신'이라 했어.

선문이 후문이 쌍둥이 형제는 무럭무럭 잘 자랐어. 한두 살에 걸음마 배우고 서너 살에 말 배우고 대여섯 살에 예의범절 배우더니, 일곱 살이 되니 글 배우러 글방에를 들어갔지.

그런데 글방에만 가면 글동무들이 이 형제를 놀려 대는 거야. 아비 없는 후레자식이라고 말이지. 선문이 후문이가 그 말이 듣기 싫어 하루는 글방에 갔다 와서 어머니한테 물었어.

"어머니 어머니, 날짐승 길짐승도 아비가 있는데 우리는 왜 아버지가 없습니까?"

매화 부인이 대답하기를,

"일곱 해 전 하늘나라 칠성님이 땅 세상에 내려와 송홧가루 닷 말 닷 되로 뭇짐승들 입을 막고 사람 입을 틔운 다음, 날이 저물어 갈 데 없자 우리 집에 왔더란다. 나보고 문을 열어 달라기에 옥황상제께 물었더니 문을 열면 걱정거리 한 가지에 기쁜 일 두 가지가 생긴다기에 이십 년 동안 잠가 놨던 문을 열어 주었지. 칠성님 떠난 뒤로 곧 너희가 생겼으니 너희 아버지는 칠성님이요 지금 하늘나라에 계신단다. 옥황상제 말씀하신 걱정거리 한 가지는 내가 남편이 있으면서도 홀어미로 사는 것이요, 기쁜 일 두 가지는 다름 아닌 너희 형제 태어난 일이 아니겠니?"

하면서 증표로 간직하고 있던 방울 세 개를 내줬어.

선문이 후문이가 그 방울 세 개를 받아 들고, 그길로 아버지를 찾아 하늘나라로 올라갔어. 몇 날 며칠을 걷고 걸어 너른 바다에 이르니 더는 걸을 길이 없어 검은 방울을 흔들었더니, 검은 배 한 척이 나타나더래. 그 배를 타고 노를 저어 바다를 건넜지.

바다를 건너 또 가는데, 몇 날 며칠 동안 산을 올라 꼭대기에 오르니 더는

용마 전설 속에 나오는 신비한 동물로, 용의 머리와 말의 몸에 날개를 달고 있음.
신장 귀신 가운데 무력을 맡은 장수신으로, 사방의 잡귀나 악신을 몰아내는 역할을 맡음.

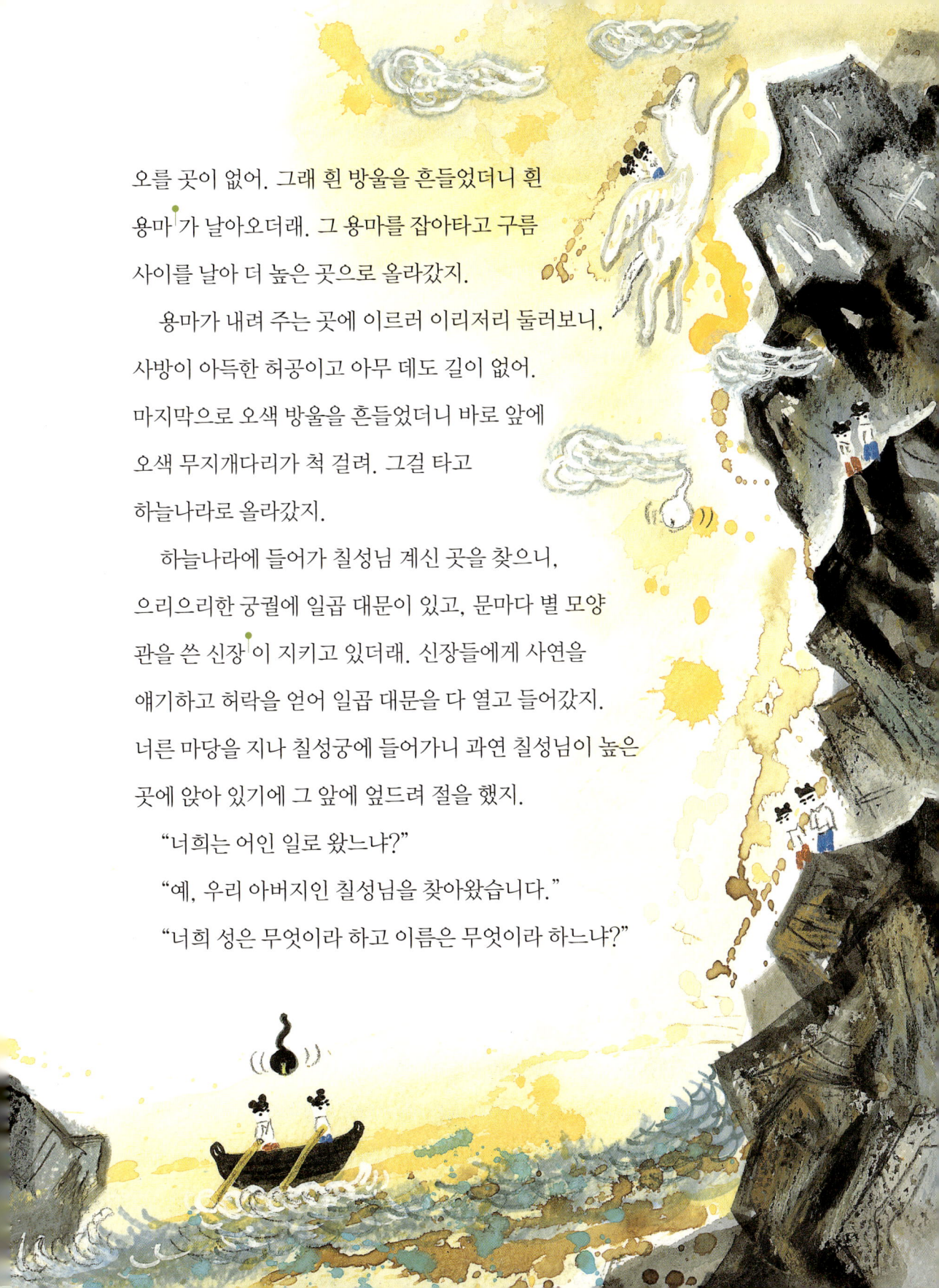

오를 곳이 없어. 그래 흰 방울을 흔들었더니 흰 용마가 날아오더래. 그 용마를 잡아타고 구름 사이를 날아 더 높은 곳으로 올라갔지.

용마가 내려 주는 곳에 이르러 이리저리 둘러보니, 사방이 아득한 허공이고 아무 데도 길이 없어. 마지막으로 오색 방울을 흔들었더니 바로 앞에 오색 무지개다리가 척 걸려. 그걸 타고 하늘나라로 올라갔지.

하늘나라에 들어가 칠성님 계신 곳을 찾으니, 으리으리한 궁궐에 일곱 대문이 있고, 문마다 별 모양 관을 쓴 신장이 지키고 있더래. 신장들에게 사연을 얘기하고 허락을 얻어 일곱 대문을 다 열고 들어갔지. 너른 마당을 지나 칠성궁에 들어가니 과연 칠성님이 높은 곳에 앉아 있기에 그 앞에 엎드려 절을 했지.

"너희는 어인 일로 왔느냐?"

"예, 우리 아버지인 칠성님을 찾아왔습니다."

"너희 성은 무엇이라 하고 이름은 무엇이라 하느냐?"

"예, 저희 성은 성신이요, 이름은 선문이 후문이라 합니다."
"너희가 나를 찾아 떠날 때 너희 어머니가 무슨 증표를 주지 않더냐?"

그래서 방울 세 개를 내놓았지. 검은 방울, 흰 방울, 오색 방울을 내놓았더니, 그제야 칠성님이 자기 아들 형제 온 줄 알고 반겨 맞아 줘. 그날부터 선문이 후문이는 하늘나라 구경하며 며칠 동안 잘 쉬었지.

며칠이 지난 뒤에 칠성님이 말하기를,

"땅 세상에 사람이 많건만 다스릴 이가 없더니 이제 되었다. 너희 둘은 곧 땅 세상으로 내려가, 선문이는 큰 나라를 맡아 다스리고 후문이는 작은 나라를 맡아 다스려라."

이렇게 해서 선문이 후문이가 땅 세상 나라를 맡아 다스리게 됐어. 선문이는 큰 나라를, 후문이는 작은 나라를 맡아 다스렸지. 그때부터 세상에 나라가 여럿 생기기 시작한 거야. ★

궁산이와 명월이 ―해와 달의 유래―

이번 이야기는 하늘에 떠 있는 해와 달에 얽힌 이야기야. 해와 달이라고 하면 누구든지 쉽게 '해와 달이 된 오누이' 이야기를 떠올릴 만한데, 이 이야기는 그것과 다르단다. 궁산이라는 선비와 명월이라는 선녀가 얽히고설킨 어려움을 다 이겨 내고 옥황상제 명으로 해와 달이 된다는 게지. 옛이야기는 이처럼 같은 사물을 두고도 서로 다른 말을 하기도 하는데, 과연 무엇이 옳은 걸까? 옛이야기가 '사실'을 다룬 것이 아님을 안다면, 옳고 그름을 따지는 것이 얼마나 부질없는지도 알 테지?

옛날 옛날 아주 먼 옛날, 하늘나라 옥황궁에 궁산이라는 선비가 있었어. 이 궁산이가 노름을 좋아해서 걸핏하면 글 읽다 말고 몰래 궁 밖에 나가 내기 장기를 뒀거든. 그러다가 그만 옥황상제에게 들켜, 그 벌로 땅 세상에 귀양을 가게 됐지.

이때 하늘나라에 명월이란 선녀가 있었는데, 이 명월이는 옷 짓기를 좋아해서 날마다 옷을 지었어. 그런데 한번은 옥황상궁한테서 구슬옷 짓는 법을 몰래 배우다가 옥황상제한테 들켜 버렸네. 구슬옷 짓기는 옥황궁 비법이라 상제 허락 없이 아무나 배우면 안 되는 건데 말이야. 그래서 명월이도 땅 세상으로 귀양을 가게 됐지.

두 사람은 땅으로 귀양을 가서, 궁산이는 태백산 서쪽 기슭에 자리를 잡고 명월이는 태백산 동쪽 기슭에 자리를 잡고 살았어. 그러다가 한번은 둘이 같은 날 태백산 봉우리에 올라갔다가 딱 마주쳤지. 궁산이가 한눈에 반해 명월이에게 청혼을 했어.

궁산이가 첫해에 중신 말을 넣는데, 보낼 중신아비가 없으니까 자기가 중신아비 되어 가서 제 중매를 제가 섰어. 이듬해에는 편지를 보내는데, 보낼 심부름꾼이 없으니까 자기가 심부름꾼 되어서 자기가 쓴 편지를 제가 전했어. 그렇게 해서 삼 년 만에 혼인 허락을 받아 장가를 갔지.

장가를 가긴 가는데, 예장을 싸려니 쌀 보자기가 있나. 그래서 서낭당에 걸어 둔 헝겊 조각을 걷어다가 예장을 쌌어. 싸기는 쌌는데, 이번에는 예장을 담으려니 담을 함이 있나. 그래서 마루 밑을 뒤져 보니 헌 나막신이 있기에 거기에다 예장을 담았지. 담기는 담았는데, 이번에는 예장함을 실으려니 실을 말이 있나. 그래서 하릴없이 수탉 등에다가 예장함을 실었어.

그렇게 차려 신고서 명월이 집으로 갔지. 가서 혼인 잔치를 했어. 홀기 부를 어른도 손뼉 쳐 줄 손님도 구경할 구경꾼도 없으니까, 홀기도 제가 부르고 손뼉도 제가 치고 구경도 제가 하고, 그렇게 해서 잔치를 다 끝냈지.

잔치를 끝내고 둘이 부부 되어 사는데, 궁산이가 한시도 색시 곁을 떠나

중신 결혼이 이루어지도록 중간에서 소개하는 일
중신아비 처녀 총각이 결혼할 수 있게 맺어 주는 남자
예장 결혼할 때 신랑 집에서 예단과 함께 신부 집에 보내는 편지
홀기 혼인할 때나 제사를 지낼 때 의식을 치르는 순서를 적은 글

지를 않아. 명월이가 너무 예뻐서, 그저 허구한 날 색시 곁에 죽치고 앉아 색시 얼굴만 들여다보고 사는 거야. 그러느라고 일을 못 해 굶어 죽게 생겼구나. 아, 농사일을 해야 먹고살지. 굶어 죽기 전에 얼어 죽게 생겼구나. 아, 나무를 해야 불을 때지.

보다 못한 명월이가 하루는 궁산이를 타일렀어.

"여보, 당신이 나만 들여다보고 사는 통에 굶어 죽기 전에 얼어 죽게 되었으니 오늘은 부디 산에 가서 나무 한 짐 해 오시오."

"나무하러 못 가겠소."

"못 간다니 웬 말이오?"

"임자 두고는 아무 데도 못 가겠단 말이오."

명월이가 하릴없이 그림 한 장을 그렸어. 자기 얼굴을 종이에 그려 남편에게 주면서 다시 타일렀지.

"그러면 이 그림을 가져가서 날 보듯이 보며 나무를 하시오."

그제야 궁산이가 그림을 들고 나무를 하러 갔어. 산에 가서 나뭇가지에

그림을 걸어 놓고 나무를 하는데, 낫질 한 번 하고 그림 한 번 쳐다보고 도끼질 한 번 하고 그림 한 번 쳐다보고, 그렇게 했지.

그러다가 갑자기 회오리바람이 부는 바람에 그림이 그만 바람에 실려 멀리멀리 날아가 버렸네. 날아가서 어디에 떨어졌는고 하니, 남쪽 바다 건너 크나큰 부잣집 배 선비네 집 앞마당에 떨어졌어. 마침 마당에 있던 배 선비가 그림을 주워 보니 예쁜 색시가 그려져 있거든.

"웬 색시인지 참 곱기도 하다. 데려다가 첩을 삼으면 그 아니 좋으랴."

배 선비가 그길로 배에다가 생금을 가득 싣고 바다를 건너 북쪽으로 갔어. 궁산이 사는 마을을 찾아가, 궁산이가 집 밖에 나오기를 기다렸다가 은근히 꾀었지.

"여보게, 나하고 내기 장기 한판 아니 두겠나?"

"나는 걸 것이 없어 못 두겠네."

생금 캐낸 그대로의 금

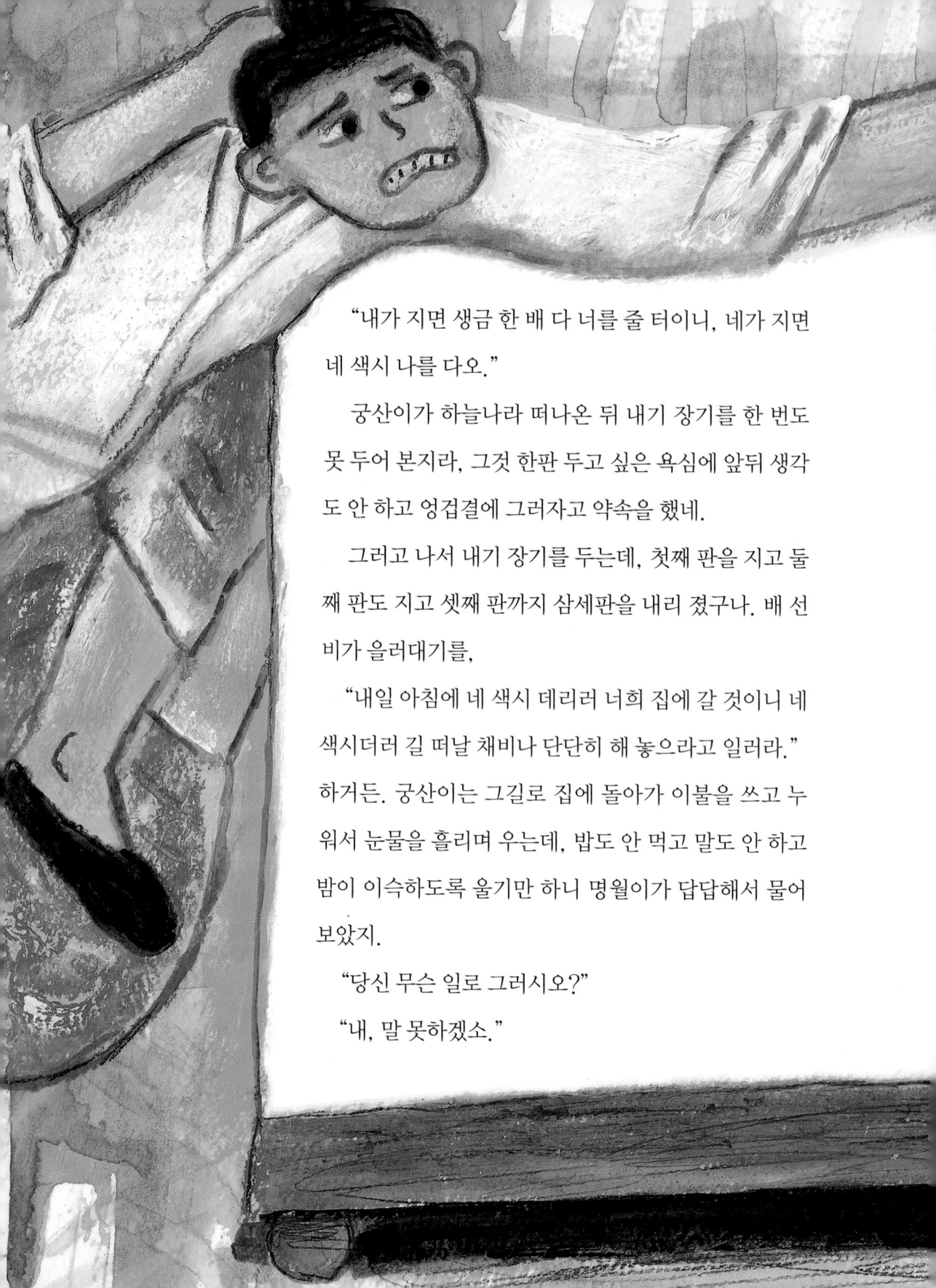

"내가 지면 생금 한 배 다 너를 줄 터이니, 네가 지면 네 색시 나를 다오."

궁산이가 하늘나라 떠나온 뒤 내기 장기를 한 번도 못 두어 본지라, 그것 한판 두고 싶은 욕심에 앞뒤 생각도 안 하고 엉겁결에 그러자고 약속을 했네.

그리고 나서 내기 장기를 두는데, 첫째 판을 지고 둘째 판도 지고 셋째 판까지 삼세판을 내리 졌구나. 배 선비가 을러대기를,

"내일 아침에 네 색시 데리러 너희 집에 갈 것이니 네 색시더러 길 떠날 채비나 단단히 해 놓으라고 일러라."

하거든. 궁산이는 그길로 집에 돌아가 이불을 쓰고 누워서 눈물을 흘리며 우는데, 밥도 안 먹고 말도 안 하고 밤이 이슥하도록 울기만 하니 명월이가 답답해서 물어보았지.

"당신 무슨 일로 그러시오?"

"내, 말 못하겠소."

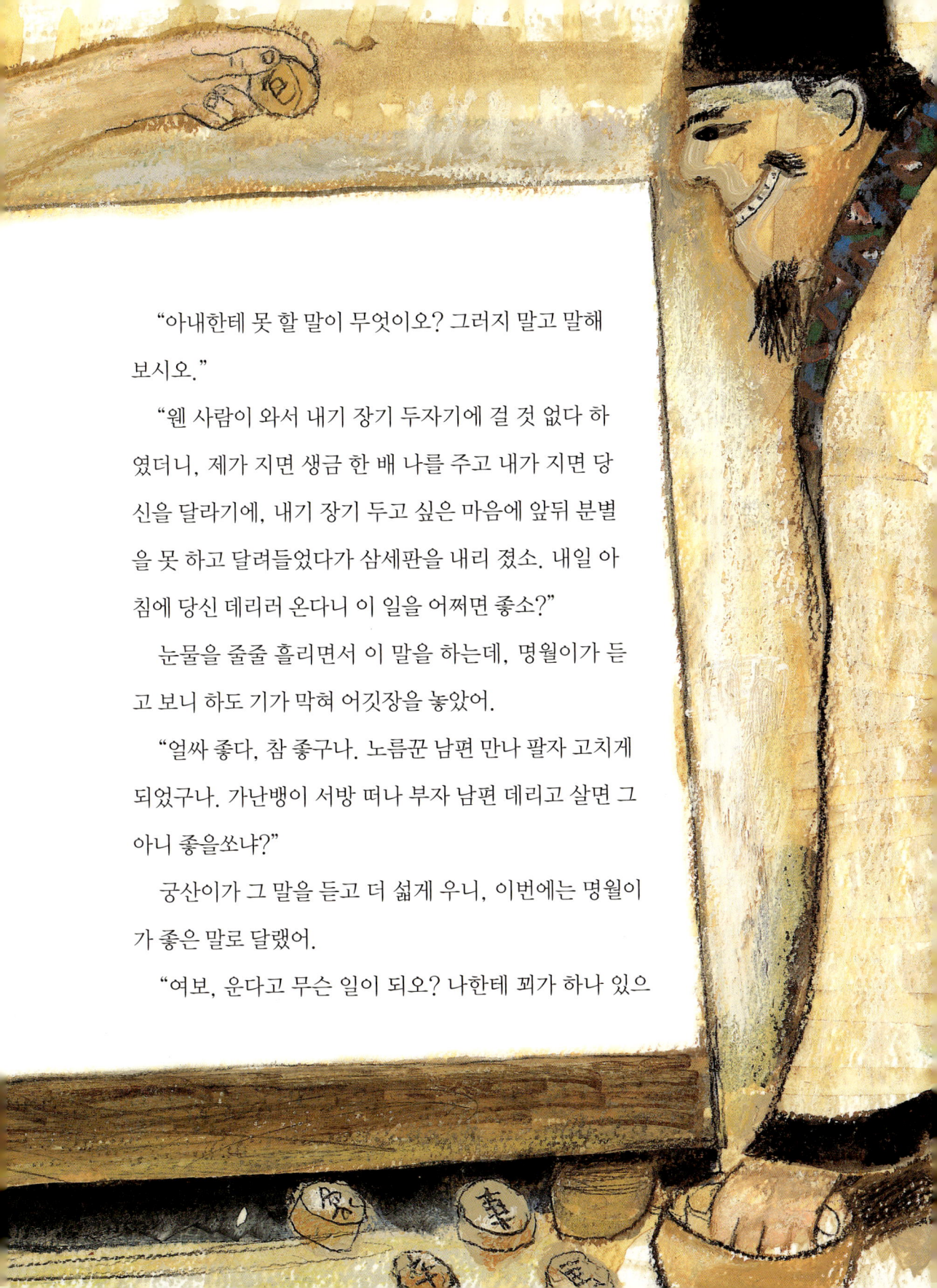

"아내한테 못 할 말이 무엇이오? 그러지 말고 말해 보시오."

"웬 사람이 와서 내기 장기 두자기에 걸 것 없다 하였더니, 제가 지면 생금 한 배 나를 주고 내가 지면 당신을 달라기에, 내기 장기 두고 싶은 마음에 앞뒤 분별을 못 하고 달려들었다가 삼세판을 내리 졌소. 내일 아침에 당신 데리러 온다니 이 일을 어쩌면 좋소?"

눈물을 줄줄 흘리면서 이 말을 하는데, 명월이가 듣고 보니 하도 기가 막혀 어깃장을 놓았어.

"얼싸 좋다, 참 좋구나. 노름꾼 남편 만나 팔자 고치게 되었구나. 가난뱅이 서방 떠나 부자 남편 데리고 살면 그 아니 좋을쏘냐?"

궁산이가 그 말을 듣고 더 섧게 우니, 이번에는 명월이가 좋은 말로 달랬어.

"여보, 운다고 무슨 일이 되오? 나한테 꾀가 하나 있으니 내 말대로 해 봅시다. 우리 집 종 언년이가 나하고 나이도 같고 키도 비슷하니, 내일 아침 언년이를 내 옷 입혀 곱게 단장시켜 놓고, 나는 헌 옷 입고 물을 길러 다니면 그 사람이 속아서 언년이를 내 대신 데려갈 것 아니오? 그러니 그만 울고 밥이나 드시오."

궁산이가 그 말을 듣더니 일어나 덩실덩실 춤을 춰.

"아이고 마누라, 그 참 신통한 꾀요. 그 꾀가 어디서 났소? 염통으로 났소, 콩팥으로 났소?"

그날 밤에 언년이를 잘 달래어 명월이와 옷을 바꿔 입고 날이 밝기를 기다렸지.

이튿날 날이 밝자 과연 배 선비가 명월이를 데리러 왔어. 와서 이리 보고 저리 보고 가만히 살피더니 마른하늘에 날벼락 같은 소리를 하네.

"내 아무리 내기 장기를 둬서 삼세판을 이겼다 하나 어찌 생매 같은 남의 아내를 데려가겠나? 저 우물가에 물 긷는 종이나 데려가지."

하릴없어 명월이가 배 선비에게 부탁을 했어.

"그렇다면 사흘만 말미를 주오."

"안 된다."

"그러면 이틀만 말미를 주오."

"그것도 안 돼."

"단 하루만 말미를 주오."

"그럼 내일 아침 일찍 올 것이니 그때까지 떠날 채비 다 해 놓아라."

배 선비가 간 뒤에 명월이는 밤을 새워 일을 했어. 소고기 포를 떠서 잘 말린 다음 궁산이 저고리에 솜을 두둑 많이 넣고, 명주꾸리 하나 바늘 한 쌈을 바지춤에 넣어 꿰매 주고, 물명주 한 필은 보자기에 싸 놓고, 그러고 나니 어느덧 날이 샜어.

날이 새자 아니나 다를까 배 선비가 들이닥치기에 명월이가 궁산이를 가리키며 사정을 했지.

"한 가지 부탁만 들어주오. 저 불쌍한 사람 마당이라도 쓸리게 함께 데려 갑시다."

배 선비가 그 말을 듣고 궁산이를 함께 데리고 갔어. 그런데 배를 타고 가다 보니 께름칙한 생각이 들었는지, 바다 한가운데에 궁산이를 빠뜨려 버리는 거야. 명월이가 아무리 말려도 안 되기에, 얼른 물명주 한 필을 궁산이 허리에 감아 줬어. 그 덕분에 궁산이는 바다에 빠져서도 안 죽고 떠다니다가 어느 바위섬에 닿았지.

사람 없는 섬에 홀로 남은 궁산이는 먹을 것이 없어 사흘을 굶다가 저고리 섶을 뜯어보니, 옷 안에 소고기 포가 솜처럼 들어 있지 뭐야. 그래 그것을 먹고 기운을 차렸지. 그런데 그걸 다 먹고 나니 더는 먹을 것이 없어 또 굶게 되었어.

사흘을 굶다가 바지춤을 뜯어보니 그 안에 명주꾸리 하나 바늘 한 쌈이

명주꾸리 비단실을 감아 놓은 뭉치

들어 있지 뭐야. 그래 그것으로 낚싯줄과 낚싯바늘을 만들었어. 그렇게 만든 낚시로 고기를 낚아 먹고 겨우 하루하루 목숨을 이어 갔지.

그렇게 사는데, 하루는 하늘에서 두루미 한 쌍이 너울너울 날아오더래. 와서는 둥지를 틀고 새끼를 치겠지. 그런데 새끼가 미처 날기도 전에 큰 두루미들이 옥황상제 부름을 받아 하늘로 가게 됐어. 큰 두루미들은 어쩔 수 없이 새끼들을 두고 저희끼리 하늘나라로 올라갔지. 그 뒤로부터 궁산이는 고기를 낚으면 저 먹기 전에 새끼 두루미들부터 먹였어. 그렇게 해서 새끼 두루미들은 어미 아비 없이도 죽지 않고 잘 살았지.

며칠 뒤에 큰 두루미들이 하늘나라에서 돌아와 보니, 궁산이가 제 새끼들을 다 살려 놨거든. 그 은혜를 갚으려고 두루미 두 마리가 등을 붙여 궁산이를 태우고 훨훨 날아가 남쪽 나라에다 내려 줬어. 궁산이는 그 나라에서 거지가 되어 이 마을 저 마을 빌어먹으며 다녔지.

이때 명월이는 배 선비 집에 가서 사는데, 날이 가고 달이 가도 도무지 웃지를 않아. 단 한 번도 웃는 법이 없이 골방에 처박혀 밤낮으로 구슬옷만 짓는 거야. 그걸 보고 배 선비가 물었지.

"너는 어찌하여 웃지를 않는가?"

"내 소원을 들어주면 웃으리다."

"무슨 소원인지 말해 보아라."

"석 달 열흘 동안 거지 잔치를 베풀어 주오."

그래서 배 선비네 집에서는 거지 잔치를 베풀게 됐어. 그 소문을 듣고 온 나라 거지가 다 배 선비네 집으로 모여들었지.

거지 잔치를 베푼 지 석 달 이레가 지나, 비로소 궁산이도 소문을 듣고 잔치 얻어먹으러 배 선비네 집을 찾아갔어.

첫날은 아랫목 끝에 앉았는데, 윗목에서부터 상이 차례로 오다가 한 상이 모자라 못 얻어먹었어. 둘째 날은 윗목 끝에 앉았는데, 아래에서부터 상이 차례로 오다가 한 상이 모자라 또 못 얻어먹었어. 사흘째 되는 날, 이제 잔치 마지막 날이야. 이날은 기어이 한 상 얻어먹으리라 하고 한가운데에 앉았지. 그런데 위아래에서 한꺼번에 상이 차례로 오다가 한가운데에서 딱 한 상이 모자라 또 못 얻어먹었네.

궁산이가 땅을 치며 팔자타령을 했어.

"아이고, 이놈의 팔자야. 무슨 팔자가 이리도 사나운고? 일찍이 내기 장기 버릇 못 고쳐 아내 잃고 거지 되었더니, 거지 잔치에 와서 사흘 동안 밥 한 그릇도 못 얻어먹으니 이런 한심한 팔자가 또 어디에 있단 말이냐?"

안에서 명월이가 그 소리를 듣고 문틈으로 밖을 내다보니 궁산이가 틀림없거든. 당장 일하는 사람들에게 일렀어.

"얻어먹은 거지는 다 내보내고 못 얻어먹은 거지만 남겨서 대접하여라."

얻어먹은 거지를 다 내보내고 나니 궁산이 혼자 남았네. 궁산이는 그제야 차려 주는 밥을 한 상 얻어먹었지. 다 먹고 막 나가려는데, 이때 안에서 난데없이 구슬옷 한 벌이 날아와 눈앞에 툭 떨어져. 명월이가 그동안 골방에서 밤낮으로 지은 구슬옷을 던진 거야.

구슬옷을 던지며 명월이가 큰 소리로 외쳤어.

"이 옷을 입되 깃을 잡고 고대'를 들추어 입으면 거지라도 내 서방이오."

그 말을 들은 궁산이가 구슬옷을 주워 깃을 잡고 고대를 들추어 입으니, 저도 모르게 몸이 공중에 붕 떠오르는구나. 붕 떠올라서 높이 올라갔다가, 고대를 목덜미 속에 도로 집어넣으니 땅으로 스르르 내려오거든.

그걸 보고 배 선비가 달려 나와서,

"어, 그 옷 신통하다. 나도 한번 입어 보자."

하고는 궁산이한테서 구슬옷을 빼앗아 입고 공중으로 붕 날아 올라갔지. 그런데 올라갈 줄만 알았지 내려올 줄을 모르는 거야. 그래서 하루가 가고 이틀이 가고 사흘이 가도 그냥 공중에 떠 있기만 해. 그렇게 삼 년 동안 떠 있다가 배 선비는 그만 솔개가 됐지. 솔개가 돼서 아직도 공중에서 빙빙 돈대.

궁산이와 명월이는 다시 만나 잘 살다가, 나중에 귀양살이가 끝나서 하늘나라로 올라갔어. 그리고 옥황상제 명을 받아 해와 달이 됐지. 궁산이는 해가 되고 명월이는 달이 되어 낮과 밤을 나누어 맡아 지켰어. 그러느라고 서로 만나지를 못하니 서로가 애가 달아 가끔 옥황상제 몰래 만나기도 하는데, 요새도 낮달이 뜨는 건 바로 그 때문이래. ★

고대 '깃고대'의 준말로, 저고리 양 어깨 사이 목이 닿는 곳

생불아기 삼신할멈 ·생명의 탄생·

아기를 낳게 해 주는 신은 누구일까? 바로 삼신할멈이지.
옛날 사람들은 아기를 얻으려면 삼신께 정성으로 빌고
몸가짐과 마음가짐을 바르게 해야 한다고 믿었어.
이래서 삼신은 다만 헛된 미신 속의 신이 아니라, 사람들이
스스로 삶을 가꿀 수 있게 도와주는 동무가 될 수 있었지.
마치 마음씨 좋은 이웃집 할머니처럼 말이야.
자, 그럼 이제부터 삼신할멈이 꾸려 가는 흥미진진한
이야기 세계로 들어가 볼까? 참, 삼신이 혼자가 아니라
둘이라는 것도 미리 살짝 귀띔해 줄게.

옛날 옛적 갓날 갓적, 아직 인간 세상 사람들이 아기 낳아 기르는 이치를 잘 모를 때 이야기야.

 땅 세상 천왕보살 지왕보살이 부부 되어 아들 하나를 낳았는데, 그 이름을 쇠개왕이라 했어. 쇠개왕이 병도 없고 탈도 없이 쑥쑥 잘 자라 어른이 되어서는 색싯감을 찾으니, 마침 명진국 따님이 나이 차서 남편감을 찾는다 하기에 중신 말을 넣어 그리로 장가를 들었지.

 쇠개왕과 명진국 따님이 혼인하여 어여쁜 딸을 낳아, 이름을 생불아기라 짓고 애지중지 키웠어. 생불아기는 자라면서 나쁜 것은 보지를 않고 거친 말은 듣지를 않고, 깨끗한 곳이 아니면 앉지를 않고 맑은 물이 아니면 마시지를 않아서, 몸은 비록 사람이나 그 마음은 선녀와 같았지.

이때 하늘나라에서는 옥황상제가 땅 세상을 살펴보니 백성들이 아기 낳고 기르는 이치를 잘 몰라서 고생을 하거든. 그걸 보고 신하들을 불러 물었지.

"여봐라, 인간 세상에 아기 낳고 키우는 일을 다스릴 만한 이가 없겠느냐?"

신하들이 입을 모아 대답하기를,

"쇠개왕과 명진국 따님 사이에서 난 생불아기라면 능히 할 수 있을 것입니다."

하기에, 옥황상제가 곧 사신을 보내 생불아기를 하늘나라 옥황궁으로 불러 올렸어.

생불아기가 기별을 듣고 정월 초하룻날을 가려 구름 가마를 타고 하늘나라로 올라갔지. 가 보니 옥황상제가 용상에 앉아서 기다리다가 분부를 해.

"내가 살피니 지금 인간 세상에는 아기 못 낳아 고생하는 사람, 아기를 낳고도 잘 키우지 못해 속 태우는 사람이 많구나. 그래서 너를 부른 것인즉, 너는 곧 서천의 일곱 선녀한테로 가서 아기 낳아 기르는 이치를 배워라. 그런 다음 인간 세상에 내려가 백성들이 아기 잘 낳고 잘 키우게 도와주어라."

생불아기가 옥황상제의 분부를 받고 서천에 있는 일곱 선녀를 찾아가 아기 낳아 기르는 이치를 하나하나 배운 다음, 구름 가마를 타고 인간 세상에 내려왔지.

생불아기가 막 땅에 발을 디디자마자 어디선가 사람이 죽는다고 울고불고 난리가 났어. 급히 달려가 보니, 웬 아기 밴 어머니가 달이 차고 넘치도록 아기를 낳지 못해 배를 쥐어뜯으며 죽어 가는 거야. 얼른 다가가 아기를 낳게 도와줬지.

　아기 밴 어머니 몸에 오그라진 뼈 늦춰 주고 늘어진 뼈 당겨 주어 고이 몸을 풀게 한 뒤에, 은가위로 탯줄을 자르고 참실로 꼭 매어서 따뜻한 물에 씻겨 줬어. 아기에게는 유모 불러 젖 먹이고 어머니에게는 미역국 끓여 먹여 기운을 차리게 했지. 사흘이 지난 뒤 어머니는 쑥물에 몸을 깨끗이 씻게 하고 태는 깨끗이 태운 뒤에 아기에게는 배내옷을 입혀 줬어.

　그렇게 하고 나니 아기는 무럭무럭 잘 자라, 이레 만에 엎드리고 한 달 만에 앉고 백 일 만에 기고 열 달 만에 일어서고 일 년 만에 걸음마를 하는데, 그 재롱이 귀엽기 그지없네.

　이렇게 이곳저곳을 다니면서 세상 사람들에게 아기 낳고 기르는 일을 가르치는데, 한번은 땅 세상에서 삼신 노릇 하던 옛 삼신이 찾아와서는 성을 내며 소리를 쳐.

"너는 누구이기에 내가 점지해 놓은 아기를 감히 낳게 하고 내 일을 훼방 놓느냐?"

노발대발 빗자루를 들고 때리려고 달려드니, 생불아기는 하릴없이 매를 피해 도망을 갔지. 도망을 가도 따라와 때리려 하고, 숨어 있어도 찾아내어 때리려 하고, 이렇게 괴로움을 주니 생불아기가 견디다 못해 하루는 하늘 보고 옥황상제께 하소연을 했어.

"상제님 상제님, 인간 세상에 삼신이 둘 있을 일 있습니까? 이 몸을 쓰시든지 저 삼신을 쓰시든지 하나만 쓰옵소서."

옥황상제가 그 말을 듣고 이상히 여겨 세 차사를 땅 세상에 보내 옛 삼신과 생불아기 둘 다 하늘나라로 불러 올렸어. 그러고는 옛 삼신에게 물었지.

배내옷 갓난아기가 태어나자마자 입는 옷
차사 중요한 임무를 위해 보내던 벼슬아치

"너는 무엇이기에 내가 보낸 생불아기를 따라다니며 때리느냐?"

"예, 저는 동해 용궁 동정국의 딸로서 이미 오래전부터 인간 세상에서 삼신 노릇을 하고 있었는데, 난데없이 저 아이가 나타나 내 일을 훼방 놓기에 성이 나서 그랬습니다."

"자세하게 아뢰어라."

"예, 저는 어려서부터 버릇이 나빠 죄를 많이 지었습니다. 한 살 때 어머니를 때린 죄, 두 살 때 아버지 수염을 뽑은 죄, 세 살 때 곡식을 마구 흩뜨린 죄, 네 살 때 밭에 심은 나물을 마구 뽑은 죄, 다섯 살 때 남의 밭에 돌 던진 죄, 여섯 살 때 부모에게 대든 죄, 일곱 살 때 동네 어른에게 욕을 한 죄, 여덟 살 때 논밭의 울타리를 무너뜨린 죄, 아홉 살 때 말 못 하는 짐승을 때린 죄, 이렇게 죄가 아홉 가지나 되어 씻을 길이 없게 되었습니다. 그러자 아버지가 저를 불러 '네 죄를 용서 못 하겠다.' 하며 저를 무쇠 상자 속에 가두어 바다에 버렸습니다. '동해 용궁 동정국 딸'이라 여덟 글자 종이에 적어 저와 함께 상자에 넣고 삼천 근 자물쇠를 채운 다음 바다에 버렸지요. 저를 실은 무쇠 상자는 바다 깊은 곳에서 삼 년, 바다 위에 떠서 삼 년, 이렇게 여섯 해를 떠다닌 뒤에 남해 바닷가에 닿았습니다. 하루는 남해 용궁 신하 은 박사가 상자를 주워서 열어 보니, 제가 입에 빛나는 구슬을 물고 그 속에 들어 있더랍니다."

"그래서? 더 아뢰어라."

"은 박사가 '너는 누구냐?' 하고 묻기에 글자 쓴 종이를 보여 주며 그동안 있었던 일을 다 이야기했습니다. 동해 용궁에서 태어나 아홉 가지 죄를 지은 일, 그리고 아버지한테 벌을 받고 무쇠 상자에 갇혀 여섯 해 동안 바다에 떠다닌 일을 모두 말씀드렸지요. 그랬더니 남해 용궁 은 박사가 '죄를 씻으려면 인간 세상에서 좋은 일을 많이 하여라. 좋은 일 가운데는 아기 낳고 기르는 일 돕는 것이 으뜸이니 삼신 노릇 함이 어떠냐?' 하기에 그 말대로 인간 세상에서 아기 낳고 기르는 일을 도와주고 지냈습니다. 그러던 중 저 아이를 만난 것입니다."

옥황상제가 이야기를 다 듣고 나서 분부를 했어.

"내가 인간 세상에 내려보낸 이는 생불아기이나, 옛 삼신도 그 사연을 들어 보니 예사롭지 않구나. 그러니 내기를 해서 이기는 쪽을 삼신으로 삼는 것이 옳겠다. 은대야에 꽃을 각각 한 포기씩 심고 어느 꽃이 잘 피는지 보자."

옥황상제 말대로 은대야에 꽃을 한 포기씩 심고 가꾸었지. 옛 삼신이 심고 가꾼 꽃은 처음에는 잘 자라다가 차차 시들어 세 송이만 남고, 생불아기가 심고 가꾼 꽃은 처음에는 볼품없다가 점점 잘 자라 나중에는 삼천육백 송이로 불어났어.

그것을 보고 옥황상제가 다시 분부를 해.

"생불아기는 다시 인간 세상에 내려가 지금까지 해 오던 대로 아기 낳고 돌보는 일을 하여라. 그리고 옛 삼신은 염라국으로 가서 죽은 아기를 맡아 길러라."

옛 삼신이 그 말을 듣고 옥황상제께 애원을 했어.

"상제님 상제님, 저는 아직 죄 씻음을 다 못했으니 부디 인간 세상에 가서 죄 씻음을 다하게 해 주십시오."

"안 된다. 네 남은 죄는 염라국에서 마저 씻도록 하여라."

그래서 생불아기는 다시 인간 세상으로 내려가고 옛 삼신은 염라국으로 들어가게 됐어. 생불아기는 인간 세상에 내려가 전에처럼 이곳저곳을 다니며 아기 못 낳아 고생하는 사람, 아기를 낳았으나 잘 키우지 못해 애태우는 사람을 도와주고 가르쳤지.

그렇게 새 삼신 노릇을 잘하다가 삼천육백 년이 지나 옥황상제 명으로 다시 하늘나라에 올라갔어. 하늘나라 삼신산에 유리로 성을 짓고 무쇠로 탑을 만들고 옥으로 창문을 달아 삼신궁을 만들었지. 거기에 살면서 인간 세상 사람들 아기 낳아 기르는 일을 다스렸어.

여러 선녀를 거느리고 그 일을 했는데, 하루는 선녀 중 하나가 말하기를,

"삼신님 삼신님, 듣자 하니 서천서역에 가면 사시사철 따뜻한 곳이 있답니다."

하기에 여러 선녀를 거느리고 서천서역에 가 보았지. 가 보니 과연 사시사철 따스한 바람이 부는 좋은 곳이 있더래.

삼신이 여러 선녀와 그곳에 머물면서 땅을 고르고 밭을 만들었어. 먼저 잡풀을 없애고 돌을 들어낸 다음 울퉁불퉁한 곳은 고르게 펴고 메마른 곳에는 물과 거름을 주어 기름지게 만들었지. 그런 다음 돌로 둘레에 담을 쌓고 서천꽃밭을 만들었어.

그렇게 서천꽃밭을 다 만들고 보니 심을 꽃씨가 없네. 그래서 바지왕께 물어보니 옥황궁에 꽃씨가 있다 하여, 옥황궁에 올라가 상제께 부탁을 했지. 서천꽃밭에 심을 꽃씨 좀 달라 하니 옥황상제가 다섯 가지 꽃씨를 주더래.

그 꽃씨를 얻어 와서 서천꽃밭에 심었어. 다섯 가지 꽃을 동서남북 한가운데 다섯 방위에 색깔 맞춰 심었지. 동쪽에 푸른 꽃, 서쪽에 흰 꽃, 남쪽에 붉은 꽃, 북쪽에 검은 꽃, 그리고 한가운데에는 노란 꽃을 심었어. 이것이 오방색 오방 꽃이야.

동쪽의 푸른 꽃은 사내 아기 낳게 하고, 서쪽의 흰 꽃은 여자 아기 낳게 하고, 남쪽의 붉은 꽃은 태어난 아기가 오래 살도록 하고, 북쪽의 검은 꽃은 태어난 아기 명이 짧도록 하고, 가운데 노란 꽃은 태어난 아기 몸이 높고 귀히 되게 하도록 마련했지. 그래서 꽃이 가리키는 대로 아기를 점지해 주면 꼭 그대로 되었어.

그렇게 꽃이 가리키는 대로 인간 세상 백성들에게 아기를 점지해 주었는데, 가끔 서천꽃밭에 몰래 숨어들어 꽃을 훔쳐 가는 이가 있어 삼신이 옥황상제께 청을 했어. 꽃밭 지킬 꽃감관을 보내 달라고 말이야. 옥황상제가 바지왕과 의논하여 김정국의 아들 할락궁이로 꽃감관을 삼아 보내니, 그때부터 할락궁이가 꽃감관이 되어 서천꽃밭을 지키게 됐단다. ★

당금애기와 세존 스님

― 명과 복의 뿌리 ―

사람은 누구나 명과 복을 타고나지만, 살아가면서 어떤 일을 하느냐에 따라 그 명과 복은 줄어들기도 하고 늘어나기도 한단다. 이것이 바로 옛사람들의 믿음이었지. 이 명과 복을 다스리는 신에 얽힌 이야기가 바로 당금애기와 세존 스님 이야기야. 하지만 이야기를 들어 보면 명과 복에 얽힌 것 말고도 더 많은 게 생각날지 몰라. 옛날 우리네 어머니들 삶에 굽이굽이 서린 한과 설움 같은 건 어떨까. 아니, 그런 것 다 그만두고 그냥 재미난 이야기로만 즐겨도 괜찮아.

옛날 하늘나라에 세존님이란 선비가 있었는데, 글을 지을 때 글자 한 자 잘못 쓰는 바람에 인간 세상에 귀양을 오게 됐어. 귀양을 오긴 오되 그냥 온 것이 아니라 남의 집 아기로 다시 태어났지. 갑자년 사월 초파일 가비랑골 마야 부인 댁 아기로 태어났는데, 그것도 배로 나온 것이 아니라 옆구리로 나왔어.

세존님이 자라서 어른이 되어서는 금강산에 들어가 머리 깎고 도를 닦아 스님이 되었어. 세존 스님이 되어서 사람들에게 명과 복을 나누어 주려고 세상에 나왔지. 장삼 입고 어깨에 가사 걸치고 등에는 바랑 지고 백팔 염주 목에 걸고 보리 단주 손에 들고 한 손에는 명아주 지팡이 짚고 염불하며 여기저기 돌아다녔어.

그렇게 돌아다니다가 들리는 소문에 서천골 당금애기가 슬기롭고 어여쁘다 하기에 서천골을 찾아갔지. 세존 스님이 당금애기 집에 이르러 가만히 살펴보니, 담장은 높이가 세 길이나 되고 대문은 열두 대문인데 문마다 무거운 쇠로 굳게 잠겨 있어 나는 새도 기는 짐승도 못 들어가게 생겼어. 스님이 마음을 가다듬고 문 여는 경을 외우니, 금세 열두 대문에 굳게 걸린 자물쇠가 왈그랑 달그랑 소리를 내면서 다 열려.

이때 당금애기는 열두 대문 안 깊은 후원 별당에서 비단 공단에 노루 사슴 수를 놓다가, 밖에서 무엇이 왈그랑 달그랑하는 소리를 듣고 몸종 옥단춘과 명산군을 불러 물었어.

"옥단춘아, 명산군아, 이곳은 나는 새도 기는 짐승도 못 들어오는 곳인데 밖에서 못 듣던 소리가 들려오니 웬일이냐?"

옥단춘과 명산군이 나가 보니 웬 스님 하나가 열두 대문을 열고 들어와 안마당에서 염불을 외고 있거든.

"아기씨 아기씨, 웬 스님이 와서 염불하오."

그 말을 듣고 당금애기가 궁금증이 나 수틀을 내던지고 문종이에 침을 발라 구멍을 내어 밖을 내다봤지. 내다보니 웬 키 훤칠하고 얼굴 잘생긴 스님

가사 스님이 어깨에 걸쳐 입는 옷
바랑 스님이 등에 짊어지고 다니는 자루
백팔 염주 작은 구슬 108개를 꿰어 만든 염주로, 이것을 돌리면서 염불을 외면 마음속에 있는 괴로움과 번뇌를 없앨 수 있다고 함.
보리 단주 보리수 열매를 꿰어 만든 짧은 염주

이 와서 염불을 하고 있네. 당금애기는 문구멍으로 내다보고, 세존 스님은 염불하며 안을 기웃거리고, 그러다가 둘이 눈이 딱 마주쳤어.

"소승, 아기씨께 문안이오. 부처님께 바칠 쌀 동냥 왔으니 시주 조금 하옵소서."

그 소리를 듣고 당금애기가 부랴부랴 몸치장을 하는데, 구름 같은 머리를 얼레빗 참빗으로 곱게 빗어 동백기름 발라 늘어지게 땋고 댕기 곱게 드린 다음, 귀에는 월계수 가지 꽂고 손에는 옥가락지 끼고, 물명주 고운 저고리 옷고름에 알록달록 노리개 달고 발에는 타래버선 위에 갖신 갖춰 신고는, 문을 열고 사뿐사뿐 밖으로 나갔지.

시주 절이나 스님에게 아무 조건 없이 물건을 나누어 주는 일
타래버선 수를 놓고 색실로 술을 달아 예쁘게 만든 버선
갖신 가죽으로 만든 신

"여보 스님, 안됐지만 시주 못 하겠습니다. 어머니 아버지는 벼슬살이하러 서울 가시고 아홉 오라비는 글공부하러 먼 데 가고, 집에는 나 혼자 있는데 곳간마다 문이 잠겨 열지를 못하니 어쩝니까?"

세존 스님이 그 말을 듣고 한 손에 든 지팡이를 들어 곳간을 겨누고 왼발로 땅바닥을 세 번 구르니 곳간 문이 왈그랑 달그랑 다 열려. 당금애기가 하릴없이 물었지.

"여보 스님, 아버지 드시던 흰 쌀 서 말 서 되 서 홉을 시주하면 어떻습니까?"

"그 쌀은 누린내 나서 못 받겠소."

"그러면 어머니 드시던 흰 쌀 서 말 서 되 서 홉을 시주하면 어떻습니까?"

"그 쌀은 비린내 나서 못 받겠소."

"그러면 아홉 오라비 먹던 흰 쌀 서 말 서 되 서 홉을 시주하면 어떻습니까?"

"그 쌀은 풋내 나서 못 받겠소."

"이 쌀도 싫다 저 쌀도 싫다, 그러면 대체 어쩌라는 말씀입니까?"

"아기씨 밥해 드시던 고운 쌀 서 말 서 되 서 홉을 주시면 받지요."

당금애기가 곳간에 들어가 제 몫으로 정해 둔 쌀독에서 고운 쌀 서 말 서 되 서 홉을 퍼다가 스님에게 주었지. 스님은 동냥자루 입을 벌려 그 쌀을 받

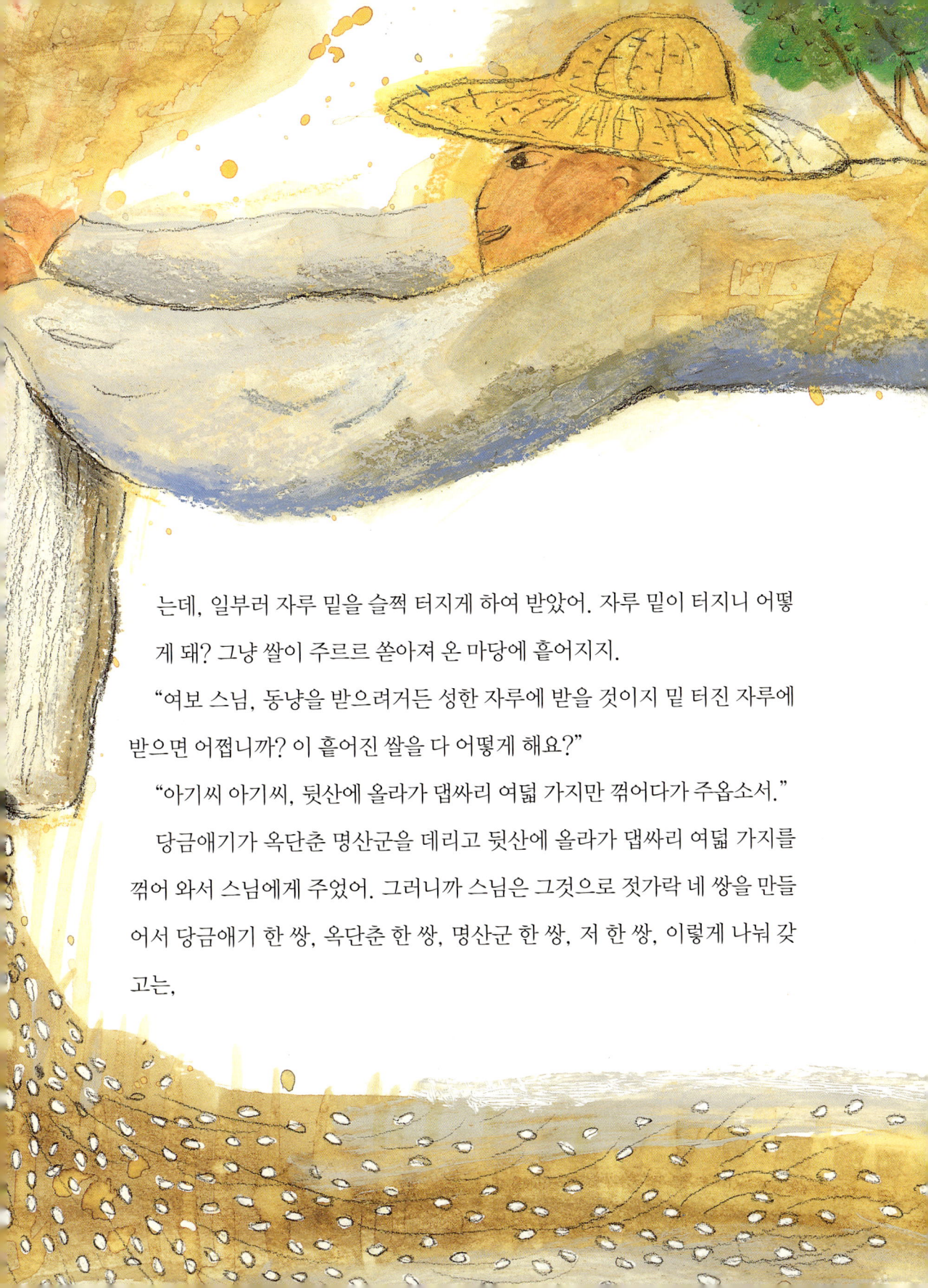

 는데, 일부러 자루 밑을 슬쩍 터지게 하여 받았어. 자루 밑이 터지니 어떻게 돼? 그냥 쌀이 주르르 쏟아져 온 마당에 흩어지지.

 "여보 스님, 동냥을 받으려거든 성한 자루에 받을 것이지 밑 터진 자루에 받으면 어쩝니까? 이 흩어진 쌀을 다 어떻게 해요?"

 "아기씨 아기씨, 뒷산에 올라가 댑싸리 여덟 가지만 꺾어다가 주옵소서."

 당금애기가 옥단춘 명산군을 데리고 뒷산에 올라가 댑싸리 여덟 가지를 꺾어 와서 스님에게 주었어. 그러니까 스님은 그것으로 젓가락 네 쌍을 만들어서 당금애기 한 쌍, 옥단춘 한 쌍, 명산군 한 쌍, 저 한 쌍, 이렇게 나눠 갖고는,

"이 젓가락으로 쌀을 주워 담읍시다."

하거든. 그래 넷이서 젓가락으로 쌀을 하나씩 하나씩 주워 자루에 담았지. 그런데 젓가락으로 쌀을 주워 담는다는 게 어디 쉽나? 하나 집고 하나 놓치고 이러다 보니 세월이 가는지 오는지 모르는 판이야. 당금애기가 그만 속에 불이 나서,

"옥단춘아, 명산군아, 어서 싸리비 가져오너라."

하고는, 가져온 싸리비로 흩어진 쌀을 단숨에 훌훌 쓸어 담아 자루에 퍼 넣었지. 그렇게 해서 스님에게 건네주니, 스님은 한사코 도리질을 해.

"소승은 이 쌀 못 받겠소. 흙도 있고 돌도 있는 부정한 쌀을 부처님께 어찌 드린단 말이오?"

"아이고 스님, 그러면 대체 어쩌자는 말씀입니까?"

스님이 자루에 든 쌀을 도로 마당에 쏟아 놓고는,

"아까처럼 젓가락으로 낱낱이 주워 담아 주면 군말 없이 가져가지요."

스님이 하자는 대로 다시 젓가락으로 쌀을 하나하나 주워 담았지. 그러다 보니 어느덧 날이 저물어 해는 지고 어둠은 깔리고 달은 솟아올랐네.

밤이 이슥해서야 겨우 쌀을 다 주워 담아 자루에 채우게 됐어.

"스님, 이제 어서 절로 돌아가십시오."

"아기씨 아기씨, 그런 말 마시오. 지금 나가면 산길에 사나운 호랑이가 득시글득시글할 텐데, 나더러 호랑이한테 물려 죽으란 말씀이오? 그러지 말고 여기서 하룻밤 자고 가게 해 주시오."

당금애기 하릴없이 스님을 하룻밤 재워 주기로 하고 잘 곳을 의논했어.

"스님, 그러면 부엌에서나 자고 가십시오."

"소승이 바퀴벌레가 아니니 부엌에서 잘 수 없소."

"그러면 봉당[●]에서나 자고 가십시오."

"소승이 진드기가 아니니 봉당에서 잘 수 없소."

"그러면 뒷간에서나 자고 가십시오."

"소승이 구더기가 아니니 뒷간에서 잘 수 없소."

당금애기 하릴없어 스님을 방에 재우기로 하고 또 잘 곳을 의논했어.

"스님, 그러면 아버지 주무시던 방에서 자고 가십시오."

"그 방은 누린내 나서 못 자겠소."

"그러면 어머니 주무시던 방에서 자고 가십시오."

"그 방은 비린내 나서 못 자겠소."

"그러면 아홉 오라비 자던 방에서 자고 가십시오."

"그 방은 풋내 나서 못 자겠소."

"이 방도 싫다 저 방도 싫다, 그러면 대체 어쩌라는 말씀입니까?"

"아기씨 자는 방에 재워 주되, 한가운데에 병풍을 쳐 놓고 아기씨가 아랫목에서 자면 소승은 윗목에서 자겠습니다."

당금애기 하릴없어 제 방에다 병풍을 쳐 놓고, 저는 아랫목에 자고 스님은 윗목에 자게 했어.

봉당 방과 방 또는 방과 부엌 사이에 마루를 놓지 않은 흙바닥

이튿날 아침에 일어나자마자 세존 스님이 먼저 꿈 얘기를 해.

"간밤에 꿈을 꾸니 소승의 장삼이 아기씨 허리에 둘러 뵈고 아기씨 치마가 소승 허리에 둘러 뵙디다."

당금애기도 꿈 얘기를 했지.

"제 꿈에는 밤하늘에서 별 세 개가 떨어져 입으로 들어가고 밝은 하늘에서 구슬 세 개가 떨어져 치마폭에 떨어지더이다."

그 말을 들은 세존 스님이 박 씨 세 개를 주면서 당부를 해.

"내가 떠난 뒤에 아기씨 배가 불러 오더라도 놀라지 마오. 달이 차서 아들 세쌍둥이 낳으면 버리지 말고 잘 키우시오. 아이들이 커서 나를 찾거든 이 박 씨를 심어 덩굴이 뻗치는 대로 따라가라 이르시오."

말을 마치자마자 스님은 떨쳐 일어나 바람처럼 가 버리네.

스님이 간 뒤 한 달 두 달이 지나고 석 달 넉 달이 지나니, 당금애기가 밥맛을 잃어 먹지를 못해. 밥에서는 쉰내 나고 국에서는 군내 나고 장에서는 흙내가 나서 아무것도 못 먹고, 그저 먹는 거라고는 시금털털한 살구 앵두 자두뿐이야.

다섯 달 여섯 달이 지나고 일곱 달 여덟 달이 지나니 당금애기가 병에 걸린 듯 얼굴은 누렇게 뜨고 배는 북산처럼 불러 와 걸을 수도 뛸 수도 없어.

이때 서울로 벼슬살이 갔던 어머니 아버지가 돌아오고, 글공부하러 먼 데 갔던 아홉 오라비도 돌아왔어. 돌아와 열두 대문을 열고 들어서도 당금애기가 안 보이거든.

"옥단춘아, 명산군아, 너희 아기씨는 왜 안 나왔느냐?"

"아기씨 병이 들어 밥도 못 먹고 국도 못 먹고 장도 못 먹고, 그저 먹는 거라고는 시금털털한 살구 앵두 자두뿐이더니, 얼굴은 누렇게 뜨고 배는 북산처럼 불러 와 나올 수가 없습니다."

어머니 아버지 아홉 오라비가 그 말을 듣고 급히 달려가 보니, 과연 당금애기 배가 북산처럼 불렀는데 아무리 봐도 틀림없이 아이 밴 배로구나.

"아이고, 이런 변이 있나. 이것이 우리 없는 사이에 아이를 배었구나. 처녀의 몸으로 아이를 배었으니 남우세스러워 어찌 사나?"

아버지가 크게 성을 내어 호통을 쳐.

"안 되겠다. 저 못된 것을 당장 돌함 속에 가두어 뒷산에 갖다 버려라."

아홉 오라비가 달려들어 당금애기를 밧줄로 꽁꽁 묶어 돌함 속에 가두고 자물쇠를 철컥 채워 뒷산에 갖다 버리니, 이제는 속절없이 죽게 생겼네.

당금애기가 캄캄한 돌함 속에 갇혀 버려진 지 달포 만에, 하루는 어머니가 밤중에 아버지와 아홉 아들 잠든 틈을 타 돌함 열쇠를 훔쳐 내어 몰래 뒷산에 올라가 돌함 문을 열어 보니 어이쿠, 이게 무슨 변이냐. 사람이 하나도 아니고 둘도 아니고 셋도 아니고 넷일세그려. 그새 당금애기 돌함 속에서 아들 세쌍둥이를 낳은 거야.

"아이고 얘야, 이러다가 너희 넷이 다 죽겠구나. 어서 아기들 데리고 집에 가자."

"어머니, 나는 집에 못 가겠소. 아버지 호령 소리 아홉 오라비 호통 소리

무서워서 못 가겠소."

"일없다, 괜찮다. 후원 별당에 죽은 듯 숨어 살면서 아기들은 구메밥* 먹여 키우면 누가 알겠느냐?"

그래서 당금애기는 어머니 손에 이끌려 아기들을 데리고 집에 갔지. 그러고는 후원 별당에 자물쇠 꼭꼭 채워 놓고 숨어 살면서 아기들을 구메밥 먹여 키웠어.

아이들은 천덕꾸러기로 커도 어찌나 잘 크는지, 하루 크는 것이 열흘 크는 것 같고 한 달 크는 것이 일 년 크는 것 같아. 병 없고 탈 없이 무럭무럭 잘 커서 어느덧 일곱 살이 되니 글공부를 시키려고 글방에 보냈지.

그런데 삼 형제가 글방에 가 보니 글동무들이 손가락질하며 놀려 대거든.

"아비 없는 후레자식이 글은 배워 무엇하나?"

그 소리 듣기가 너무 서러워 삼 형제가 어머니 당금애기한테 가서 물었어.

"어머니 어머니, 우리는 왜 아버지가 없습니까?"

"없긴 왜 없어? 뒷산에 서 있는 왕대나무가 너희 아버지란다."

삼 형제가 그길로 뒷산에 올라가 왕대나무 앞에 꿇어앉아 "아버지!" 하고 부르니 대나무가 대답을 해.

"내가 왜 너희 아버지냐? 너희 아버지 돌아가시면 나를 베어 상장막대*로 짚으면 짚었지, 왜 내가 너희 아버지냐?"

구메밥 구멍으로 몰래 주는 밥
상장막대 부모나 조부모가 세상을 떠났을 때나 제사를 지낼 때 짚는 지팡이

그래서 삼 형제가 다시 어머니한테 가서 물었어.

"어머니 어머니, 바른 대로 알려 주십시오. 우리는 왜 아버지가 없습니까?"

"없긴 왜 없어? 건너 산에 서 있는 왕밤나무가 너희 아버지란다."

삼 형제가 그길로 건너 산에 들어가 왕밤나무 앞에 꿇어앉아 "아버지!" 하고 부르니 밤나무가 대답을 해.

"내가 왜 너희 아버지냐? 너희 아버지 돌아가시면 나를 베어 신주 만들어 모시면 모셨지, 왜 내가 너희 아버지냐?"

그래서 삼 형제가 봇짐을 싸 짊어지고 어머니한테 가서 또 물었어.

"어머니 어머니, 이번에도 바른 대로 알려 주지 않으면 당장 집을 나갈 테요. 우리는 왜 아버지가 없습니까?"

그제야 당금애기가 하릴없어 전에 세존 스님이 준 박 씨를 삼 형제에게 내주며 사연을 얘기해 줬어.

"너희 아버지는 세존 스님인데, 우리 집에 동냥을 와서 하룻밤 묵어간 뒤 너희들이 생겼다. 그때 너희 아버지가 이 박 씨를 내게 주면서, 만약 너희들이 자기를 찾고 싶으면 이것을 심어 덩굴이 뻗치는 대로 따라가라 하더라."

아들 삼 형제가 그 박 씨를 받아 울타리 밑에 심으니, 곧 싹이 나서 눈 깜짝할 사이에 쑥쑥 자라는데, 그 덩굴이 하룻밤 자고 나니 천 발이요 이틀 밤

신주 죽은 사람의 이름을 새긴 나무패

자고 나니 이천 발이요 사흘 밤 자고 나니 삼천 발이나 벋었어.

그래서 삼 형제가 박 덩굴을 따라갔지. 어머니 당금애기를 가마에 태워, 맏이는 앞채 메고 둘째는 뒤채 메고 가고 막내는 봇짐 짊어지고 가마를 따라갔어.

이 산 지나 저 산 지나 이 물 건너 저 물 건너 석 달 열흘 동안 하염없이 가다가 이윽고 금강산으로 들어가게 됐지. 그런데 금강산 일만 이천 봉 팔만 구 암자를 다 돌아다녀도 아버지를 못 만났어.

하루는 삼 형제가 어느 절 앞에 가마를 놓고 잠깐 쉬는데, 절 안에서 조그만 상좌가 물동이를 옆에 끼고 샘물 받으러 나왔다가 삼 형제를 보고는 바삐 되돌아가 제 절 스님에게 고하는 거야.

"스님 스님, 밖에 아이 삼 형제 왔는데 얼굴 모습도 스님을 빼닮았고 말투며 몸짓도 스님을 빼닮았습니다. 어서 나가 보십시오."

세존 스님이 그 말을 듣고 몸치장을 하는데, 장삼 입고 어깨에 가사 걸치고 백팔 염주 목에 걸고 보리 단주 손에 들고 한 손에는 명아주 지팡이 짚고 염불하며 절 밖으로 나가 보니, 과연 당금애기가 세 아이와 함께 와 있거든. 스님이 당금애기는 반겨 맞으면서 아이들은 모른 척하니, 삼 형제가 장삼 자락을 붙잡고 하소연을 했어.

"아버지, 아들들이 왔는데도 어찌 모른 척하십니까?"

"나는 너희가 누군지 모르겠다. 너희가 정녕 내 자식이면, 종이 버선을 신고 저 냇물을 일곱 번 건너갔다 와도 버선이 젖지 않아야 한다."

삼 형제가 종이로 버선을 만들어 신고 냇물을 일곱 번 건너갔다 오는데, 과연 버선에 물 한 방울 묻지 않네.

"이것 보십시오. 저희가 아버지 자식이 틀림없습니다."

"아직 아니다. 너희가 정녕 내 자식이면, 저 건너 시퍼런 연못에서 붕어를 잡아다가 산 채로 먹은 다음 도로 토해 내어도 붕어가 살아 있어야 한다."

삼 형제가 건너편 연못에 가서 붕어를 잡아다가 산 채로 먹은 다음 도로 토해 내는데, 과연 붕어가 그대로 살아 있네.

"이것 보십시오. 이래도 아버지 자식이 아닙니까?"

"아직 아니다. 너희가 정녕 내 자식이면, 뒷동산에 올라가 삼 년 묵은 소뼈를 주워다가 산 소로 만들어서 저마다 소 한 마리씩 거꾸로 타고 와야 내 자식이다."

삼 형제가 뒷동산에 올라가 삼 년 묵은 소뼈를 주워다가 산 소를 만들더니, 과연 저마다 소 한 마리씩을 거꾸로 타고 오네.

"이래도 아버지 자식이 아닙니까?"

"아직 아니다. 너희가 정녕 내 자식이면, 볏짚으로 닭을 만들어 나뭇가지에 올려놓고 말총으로 채를 만들어 그 닭을 치면 산 닭이 되어 꼬끼오 울어야 내 자식이다."

삼 형제가 볏짚으로 닭을 만들어 나뭇가지에 올려놓고 말총으로 채를 만들어 그 닭을 치니, 과연 산 닭이 되어 꼬끼오 우네.

"이래도 아버지 자식이 아닙니까?"

"아직 아니다. 너희가 정녕 내 자식이면, 저 나뭇가지 사이에 걸린 거미줄을 타고 이쪽에서 저쪽으로 세 번을 왔다 갔다 해도 거미줄이 끊어지지 않아야 내 자식이다."

삼 형제가 나뭇가지 사이에 걸린 거미줄을 타고 이쪽에서 저쪽으로 세 번을 왔다 갔다 하는데, 과연 거미줄이 끊어지지 않고 그대로 매달려 있네.

"이래도 아버지 자식이 아닙니까?"

"한 가지가 더 남았다. 물동이에 맑은 물을 가득 떠 놓고 셋이 함께 손가

락에 피를 내어 물속에 떨어뜨려 보아라."

삼 형제가 물동이에 맑은 물을 가득 떠 놓고 셋이 함께 손가락에 피를 내어 물속에 떨어뜨렸지. 그러니 스님도 제 손가락에 피를 내어 물속에 떨어뜨렸어. 그러니까 피 네 방울이 구름같이 뭉게뭉게 피어오르더니 하나로 똘똘 뭉쳐 큰 덩어리가 되는 거야.

그제야 스님이 삼 형제 손을 잡고 맞아 주네.

"너희가 내 자식이 틀림없구나."

"그렇거든 저희 이름이 아직 없으니 이름이나 지어 주십시오."

"맏이는 태산이요 둘째는 바다요 셋째는 벌판이라 하여라. 이것은 오래감을 뜻하는 이름이라, 천 년을 간들 만 년을 간들 태산이 무너지며 바다가 마르며 벌판이 꺼지겠느냐?"

"그럼 이제 저희는 무슨 일을 하오리까?"

"맏이는 태백산 산신령이 되고 둘째는 삼남의 당산신이 되고 막내는 대관령 서낭신이 되어라."

"어머니는 어찌합니까?"

"너희 어머니 당금애기는 부엌 부뚜막에 바퀴벌레나 되면 좋지."

"그러면 무얼 먹고 삽니까?"

"부엌 부뚜막에 떨어진 밥풀이나 먹고 살지."

삼남 충청도, 전라도, 경상도 세 지역을 통틀어 이르는 말

"아버님, 그러지 마십시오."

"그러면 될 것 있다. 봉당 바닥에 진드기나 되면 좋지."

"그러면 무얼 먹고 삽니까?"

"봉당 바닥에 굴러다니는 먼지나 먹고 살지."

"아버님, 그러지 마십시오."

"그러면 될 것 있다. 뒷간 구석에 구더기나 되면 좋지."

"그러면 무얼 먹고 삽니까?"

"뒷간 구석에 쌓인 똥이나 먹고 살지."

"아버님, 제발 그러지 마십시오."

"허허, 걱정 마라. 내 그저 한번 해 본 소리다. 너희 어머니가 전에 내가 하룻밤 재워 달랬을 때 부엌에나 자거라, 봉당에나 자거라, 뒷간에나 자거라 하면서 박대를 한 적 있어 부러 그래 보았느니라. 너희 어머니는 나와 함께 사람들 명을 주고 복을 주는 일을 할 것이다."

그래서 당금애기는 세존 스님과 함께 사람들에게 명을 주고 복을 주는 일을 하고, 세쌍둥이 아들은 각각 태백산 산신령과 삼남의 당산신과 대관령 서낭신이 되어 이 땅을 지킨다는 이야기야. ★

자청비와 문도령 • 농사의 기원 •

이 이야기는 겉과 속이 달라. 겉은 농사짓는 일이 어떻게 시작되었는지 그 기원을 말하는 신화이지만, 속을 들여다보면 젊은이들의 사랑 이야기지. 특히 주인공 격인 자청비는 슬기롭고 당찬 여성으로, 남에게 기대지 않고 자신의 운명을 스스로 열어 가는 모습을 우리에게 보여 준단다. 사랑하는 이와 이별한 뒤 부모에게서조차 버림받고서도 꿋꿋하게 온갖 시련을 다 이겨 낸 뒤 끝내 당당하게 농사의 신이 되는 자청비! 이제 그 멋진 이야기 속으로 들어가 보자꾸나.

옛날 옛적 갓날 갓적, 세상 사람들이 아직 농사를 지을 줄 모를 때 이야기야.

남쪽 나라 김진국 대감이 늙도록 자식이 없어 한탄하는데, 하루는 동계남상주절 스님이 동냥을 와서 하는 말이,

"대감님 대감님, 만약 우리 절에 크게 시주를 하면 자식을 얻을 것입니다."

하거든. 그 말을 듣고 김진국 대감이 소 아홉 마리 말 아홉 마리에 시주 쌀 삼천 석과 은금보화 가득 싣고 동계남상주절로 갔어. 가는 도중에 서계남백금절 스님을 만났지. 서계남백금절 스님 하는 말이,

"대감님 대감님, 동계남상주절에 시주하면 아들이나 딸을 얻겠지만, 우리 절에 시주하면 반드시 아들을 얻을 것입니다."

이러네. 그 말에 귀가 솔깃해진 김진국 대감이 곧바로 발길을 돌려 서계남백금절에 가서 시주를 했어.

동계남상주절을 지키던 부처님이 그 일을 알고 괘씸히 여겨, 본디 김진국 대감 댁에 점지하려던 아들을 그 집 종 정수덕에게 주고, 김진국 대감에게는 아들 대신 딸을 점지해 줬지.

아니나 다를까, 그달부터 김진국 대감 부인 배가 불러 오고 그 집 종 정수덕도 똑같이 배가 불러 오더니 달이 차서 두 사람이 한날한시에 아이를 낳았어. 낳고 보니 과연 김진국 대감네 아기는 딸이요 정수덕네 아기는 아들이야.

김진국 대감 딸아기는 자청비라 이름 짓고 정수덕 아들아기는 정수남이라 이름 지어 잘 키웠지.

두 아이가 자라서 나이 열다섯 살 되던 해에, 하루는 자청비가 집 밖 우물에 나가 물을 긷는데, 웬 도령이 지나다가 물 한 바가지를 청하거든. 그 도령이 다른 사람이 아니라 하늘나라 옥황궁에 사는 어린 선비 문도령이야. 문도령이 동계남상주절 주청당으로 글공부를 하러 가다가 자청비가 물 긷는 것을 보고 마침 목이 마른 참이라 물 한 바가지 달라고 한 거지.

자청비가 바가지를 세 번 돌려 우물에서 물을 뜬 다음, 거기에 버드나무 잎사귀를 몇 개 훑어 띄워 줬어. 문도령이 그걸 보고 불평을 하네.

"아기씨 겉모습과 달리 심보는 고약한가 봅니다. 어찌 맑은 물에 궂은 잎을 띄워 줍니까?"

"그게 아니라 목마른 사람이 급히 물을 마시면 체할까 하여 천천히 불어

마시라고 띄운 것입니다."

그제야 문도령이 고개를 끄덕이고 나서 수인사를 해.

"저는 하늘나라 옥황궁 문도령으로 동계남상주절 주청당으로 글공부 가는 참인데, 아기씨는 어디 사는 누구신지요?"

"저는 이 동네 김진국 대감의 딸 자청비요만, 도련님은 잠깐만 기다려 주십시오. 마침 우리 오라비가 동계남상주절 주청당에 글공부 간다 하니, 둘이서 길동무하여 같이 가면 그 아니 좋습니까?"

문도령이 그러마 하니 자청비는 얼른 집으로 가 어머니 아버지의 허락을 얻은 다음, 남자 옷으로 갈아입고 책을 싸 들고 문도령에게 갔어. 문도령은 남자로 꾸민 자청비를 자청비 오라비인 줄만 알고 함께 갔지. 가면서 서로 이야기를 해 보니 둘이 한날한시에 같은 사주를 타고났거든.

그래 둘이 사이좋은 글동무 되어 주청당에서 한방을 쓰면서 글공부를 했어. 그런데 밤마다 자청비는 둘 사이에 은대야를 놓고 거기에 물을 가득 부은 다음 은젓가락을 걸쳐 놓고 잠을 자는 거야. 그 때문에 문도령은 젓가락이 떨어질까 물이 쏟아질까 염려되어 잠을 잘 못 자는데 자청비는 쿨쿨 잘도 자. 그래서 문도령은 늘 잠이 모자라 조느라고 글공부를 못 하고, 자청비는 맑은 머리로 글공부를 잘했지.

이렇게 삼 년 동안 글공부를 하고 나서, 자청비가 이제 집으로 돌아가겠다 하니 문도령도 따라나섰어. 둘이 가다가 날이 더워 개울에 목욕이나 하고 가자 하고, 자청비는 윗물에 목욕을 하고 문도령은 아랫물에 목욕을 했지. 그때 자청비가 나뭇잎에 글자를 써서 띄워 보냈어.

문도령이 목욕을 하다가 글자 쓴 나뭇잎이 동동 떠내려오기에 주워서 보니까 이런 글이 씌어 있네.

"바보 같은 문도령아, 삼 년 동안 같이 지내도 남자 여자를 못 가리니 삼 년 공부 헛공부로다."

그제야 문도령이 아차 정신을 차리고 보니 자청비는 언제 갔는지 보이지를 않네. 허둥지둥 쫓아가 자청비 집에 이르러 "자청비야, 자청비야!" 소리쳐 불렀지만 문은 굳게 잠긴 채 열릴 줄을 몰라. 문도령은 하릴없이 사흘 밤낮을 문밖 짚자리 위에 앉아 자신의 어리석음을 탓하며 울었지.

사흘 밤낮을 그리하자 자청비가 나와 문도령을 집 안에 맞아들이고, 어머니 아버지에게 데리고 가 그동안 있었던 일을 다 말했어. 어머니 아버지가 들어 보고 둘의 사주가 같은 것을 알고 함께 지내게 해 줬지.

석 달이 지난 뒤에 문도령이 하늘나라로 올라갈 때가 되니 자청비에게 박 씨 한 알을 주면서 약속을 해.

"이 박 씨를 심어 덩굴에 박이 열릴 때가 되면 다시 돌아오리다."

문도령이 떠난 뒤에 자청비는 울 밑에 박씨를 심고 거름을 주어 키웠지. 얼마나 정성껏 키웠는지 한 달도 채 안 되어 어느덧 덩굴에 박이 주렁주렁 열렸는데, 그래도 문도령한테는 소식이 없어. 한 달, 두 달, 석 달이 더 지나 해가 바뀌어도 감감무소식이야.

하루는 자청비가 밖에 나가 문도령을 기다리다 지쳐서 돌아오는데, 문 앞에서 종 정수남이 낮잠을 자고 있거든. 그걸 보고 자청비가 야단을 쳤어.

"정수남아 정수남아, 다른 집 종들은 일도 잘하더라만 너는 낮잠만 자니 웬일이냐?"

"소 아홉 마리와 말 아홉 마리만 있으면 당장이라도 일하러 가지요."

자청비가 그 말을 듣고 소 아홉 마리와 말 아홉 마리를 갖다 주니, 정수남이 마소 열여덟 마리를 몰고 산에 나무를 하러 갔어.

나무를 하러 깊은 산에 들어가서, 오른편 나무에는 소를 매고 왼편 나무에는 말을 매어 놓고는 또 낮잠을 잤네. 얼마나 오래 잤는고 하니 이레 밤 이레 낮을 잤는데, 실컷 자고 일어나 보니 그새 소와 말이 다 죽어 버렸어. 먹지를 못해 굶어 죽은 거야.

정수남은 하릴없이 소와 말의 가죽을 다 벗긴 다음, 나무를 모아 불을 지피고 소 아홉 마리 말 아홉 마리를 모두 불에 구워 먹었어. 익었는가 한 점 설었는가 한 점 먹다 보니 한나절 만에 다 먹어 치웠지.

그렇게 먹고는 마소 가죽을 짊어지고 돌아오다가 연못에 오리가 쌍쌍이 헤엄치는 걸 봤어.

"옳거니, 마소 대신에 저걸 잡아가면 되겠다."

정수남이 오리를 잡으려고 연못가에 마소 가죽을 두고 옷도 벗어 두고 연못에 풍덩 뛰어들었지. 그런데 아무리 해도 오리를 못 잡겠어서 한참 뒤에 빈손으로 그냥 나왔어. 그런데 나와 보니 아뿔싸, 그새 도둑이 마소 가죽과

옷을 다 훔쳐가 버렸네.

정수남은 할 수 없이 밤이 되기를 기다렸다가 몰래 집으로 돌아와 장독간에 숨어 있는데, 자청비가 밤에 장을 뜨러 나왔다가 그 꼴을 봤어.

"정수남아 정수남아, 이게 대체 무슨 꼴이냐? 나무하러 간다더니 마소는 다 어찌하고 옷은 어찌하고 이 꼴이 되었느냐?"

정수남이 거짓으로 꾸며 내어 대답하기를,

"내가 나무를 하러 산에 올라가 보니 하늘나라 문도령이 삼천 궁녀를 거느리고 연못가에 꽃놀이하러 왔더이다. 그것 구경하는 동안 마소는 다 도망가 버리고, 그 마소 찾는다고 연못에 뛰어들었다가 옷마저 잃었습니다."

하거든. 자청비가 그 말을 듣고 문도령이란 말에 귀가 솔깃하여 되물었지.

"그게 정말이냐? 문도령 놀던 곳을 다시 가면 찾겠느냐?"

"눈 감고도 찾겠습니다."

자청비가 서둘러 어머니 아버지 허락을 얻은 다음 정수남을 데리고 산에 올라갔어. 문도령을 만나려고 말이야. 그런데 가도 가도 자욱한 수풀뿐이고 문도령 꽃놀이하더라는 연못은 안 보이네. 어느덧 해가 중천에 떠서,

"아직도 멀었느냐?"

"저 산만 넘으면 됩니다."

어느덧 해가 서산에 걸려,

"아직도 멀었느냐?"

"저 개울만 건너면 됩니다."

어느덧 해가 넘어가고 날이 저물어,

"아직도 멀었느냐?"

"저기 개울물에 그림자 어른어른 비춰 보기 좋지 않습니까? 그게 하늘나라 문도령이 삼천 궁녀 거느리고 노는 그림자입니다."

그제야 자청비가 정수남에게 속은 것을 알았지. 돌아가자니 날은 이미 저물었고, 하는 수 없이 자청비가 정수남에게 산속에서 자고 가게 움집을 지으라 일렀어.

정수남이 이리 뛰고 저리 뛰어 움집을 다 지어 놓으니, 자청비가 안에 들어가 손가락으로 구멍을 뚫어 놓고,

"벽에 이렇게 구멍이 많아 바람이 들어오면 어찌하느냐? 어서 막아라."

정수남이 밖에서 구멍을 막으면 자청비는 안에서 구멍을 뚫고, 또 막으면 또 뚫고, 이렇게 하다가 날이 하얗게 샜어.

그제야 속은 것을 안 정수남이 성을 내어 동으로 서로 길길이 뛰니 자청비가 좋은 말로 달랬지.

"정수남아 정수남아, 내 네 귀에 귀지나 파 줄 터이니 내 무릎을 베고 누워라."

정수남이 자청비 무릎을 베고 눕자, 밤새도록 잠을 못 잔 탓에 금세 쿨쿨 잠이 들었어. 그걸 보고 자청비가 뾰족한 싸리 꼬챙이로 귀를 한 번 찌르니

움집 땅을 파고 위에 거적 따위를 얹어서 만든 집

정수남은 그대로 스르르 죽고 말았지.

자청비가 혼자서 집에 돌아가니 어머니 아버지가 물어.

"네 종은 어찌하고 너 혼자 왔느냐?"

"정수남은 제가 찌른 꼬챙이에 귀를 찔려 죽고 말았습니다."

그 말을 듣고 어머니 아버지가 성을 내어 야단을 쳐.

"못된 짓을 했구나. 당장 집을 나가거라. 네 종을 살리기 전에는 돌아올 생각을 마라."

자청비가 하릴없어 남자 옷으로 갈아입고 집을 나섰어. 산을 넘고 물을 건너 몇 날 며칠을 간 끝에 서천꽃밭 꽃감관 할락궁이 집을 찾았지. 그 집 문을 두드려 며칠 묵어가게 해 달라고 청하니 할락궁이 하는 말이,

"우리 집 뒤뜰에 밤마다 부엉이가 찾아와 울고 가는데, 그것이 울고 가면 꽃밭에 꽃이 다 시들어 버리더라. 만약에 활을 쏘아 그 새를 잡아 주면 며칠이라도 묵어가게 해 주마."

이러거든.

자청비가 그리하마 약속을 하고 할락궁이 집에 들어갔어. 그리고 그날 밤에 온몸에 먹칠을 하고 화살 하나를 품에 넣고 뒤뜰 큰 나무에 올라가 가만히 앉아 있었지. 과연 밤이 이슥해지니 부엉이 한 마리가 날아와 제 머리 위에 앉네. 온몸에 먹칠을 해 놓으니 캄캄한 밤에 나뭇가지인 줄 아는 거야. 부엉이가 울자 손을 뻗어 그놈을 꽉 움켜잡았지. 그러고는 품에서 화살을 꺼내 목덜미에 꽂아 뒤뜰에 던져 놓고, 방에 돌아와 잠을 잤어.

이튿날 아침에 할락궁이가 뒤뜰에 가 보니, 부엉이가 목덜미에 화살이 꽂힌 채 죽어 있거든. 놀라운 활 솜씨라고 칭찬을 하며 그 집에서 며칠 묵게 해 주었어.

며칠을 잘 쉬다가, 하루는 자청비가 할락궁이더러 꽃밭 구경을 시켜 달라고 했어. 그래서 할락궁이가 꽃밭 구경을 시켜 주는데, 구경하다 보니 먹처럼 새까만 꽃이 있네.

"저것은 무슨 꽃입니까?"

"죽은 사람 뼈를 살리는 뼈살이꽃이다."

그 꽃을 한 송이 꺾어 품에 넣었지.

또 구경하다 보니 피처럼 새빨간 꽃이 있어.

"저것은 무슨 꽃입니까?"

"죽은 사람 피를 살리는 피살이꽃이다."

그 꽃도 한 송이 꺾어 품에 넣었지.

또 구경하다 보니 눈처럼 새하얀 꽃이 있어.

"저것은 무슨 꽃입니까?"

"죽은 사람 숨을 살리는 숨살이꽃이다."

그 꽃도 한 송이 꺾어 품에 넣었지.

이렇게 환생꽃 세 송이를 얻어서, 그길로 자청비는 할락궁이와 하직하고 제가 살던 곳으로 돌아왔어.

정수남과 함께 갔던 산에 가 보니, 정수남이 아직도 거기에 자는 듯이 누워 있어. 환생꽃 세 송이를 정수남 몸 위에 올려놓고 물푸레나무로 세 번 치니 기지개를 켜면서 일어나더래.

"아, 봄잠을 달게 잤구나."

"그래, 어서 집으로 돌아가자."

자청비가 정수남을 데리고 집에 돌아가 어머니 아버지한테 고했지.

"어머니 아버지 분부대로 종을 되살려서 데리고 왔습니다."

그러자 어머니 아버지가 더 성을 내며 꾸중을 해.

"딸자식이 잘나기도 잘났구나. 사람을 죽였다가 살렸다가 제 마음대로 하는구나. 너를 집에 두었다가는 무슨 일 날지 모르겠다. 어서 나가거라."

자청비는 하릴없이 집을 나서 정처 없이 길을 갔어. 몇 날 며칠을 가다가

어느 곳에 이르니, 길가 초가집에서 한 할머니가 베를 짜고 있기에 구경을 했지. 한참 동안 정신없이 구경하다 보니 할머니가 물어.

"너는 어떤 아기이기에 이곳에 왔느냐?"

"부모 없이 떠도는 거지 아이입니다. 저를 거두어 주시면 몸종이든 부엌데기든 시키는 대로 하겠습니다."

"그럴 것 없다. 너를 내 수양딸로 삼으마."

그래서 자청비는 베 짜는 할머니 수양딸이 되어 그 집에서 살았어. 그러면서 할머니한테 베 짜는 일을 배웠는데, 어찌나 부지런히 배웠던지 얼마 안 가 할머니보다 베를 더 잘 짜게 됐지.

알고 보니 그 할머니는 하늘나라 옥황궁 선녀로 죄를 짓고 인간 세상에 귀양을 온 처지야. 죄 씻음을 하느라고 날마다 베를 짜서 하늘나라에 갖다 바치는 거래.

이때 하늘나라에서는 문도령이 날마다 할머니한테서 베를 받는데, 하루는 베를 받아 보니 곱기가 이를 데 없거든. 하도 고와서 할머니한테 물었지.

"대체 이 베는 누가 짠 베이기에 이렇게 고운가?"

"내 수양딸 자청비가 짠 것입니다."

문도령이 자청비라는 말에 놀라 얼른 약속을 했어.

"내 이달 보름날에 자청비 보러 가겠노라."

할머니가 돌아와 자청비에게 그 말을 전하니, 자청비는 낮에는 베를 짜고 밤에는 바느질하며 보름날이 되기만을 기다렸어.

드디어 보름날이 되어 문도령이 자청비 사는 집으로 내려왔어. 가만히 창문으로 다가가 안을 들여다보려고 손가락에 침을 발라 문종이에 구멍을 뚫었지.

이때 자청비는 방에서 바느질을 하고 있었는데, 갑자기 창문에 구멍이 뚫리니 그만 놀라서 들고 있던 바늘로 그곳을 콕 찔렀어. 문도령이 뾰족한 바늘에 손가락을 찔려서,

"자청비가 겉모습과 달리 심보는 고약하구나. 어찌 오랜만에 온 사람을 이리도 모질게 대한단 말인가?"

하고는, 그길로 하늘로 돌아가 버렸네.

이튿날 할머니가 내막을 알고 자청비를 막 꾸짖어.

"네 행실이 그렇게 모진 줄 몰랐다. 집에 둘 수 없으니 어서 나가거라."

이래서 자청비는 그 집에서 또 쫓겨나는 신세가 됐지. 정처 없이 이리저리 다니다가 어느 깊은 산속으로 들어가니, 바위샘에서 웬 처녀 셋이 물동이를 앞에 놓고 울고 있더래. 자청비가 까닭을 물으니 그 처녀들 하는 말이,

"우리는 하늘나라 옥황궁 선녀들인데, 옥황상제로부터 물동이에 이 샘물을 떠 오라는 명을 받았다. 그런데 물동이 밑이 터져 도저히 물을 길을 수 없어서 울고 있단다."

이러거든. 자청비가 그 말을 듣고 깊은 산속으로 들어가 천 년 묵은 송진을

내막 겉으로 드러나지 않은 속사정
송진 소나무에서 나오는 끈적끈적한 액체

구해 왔어. 그것으로 물동이 밑을 붙여 주니, 세 선녀는 무사히 물을 길을 수 있게 됐지. 세 선녀가 고마워하며 소원이 무엇이냐고 물어.

"저도 선녀님들을 따라 하늘나라로 가고 싶습니다."

선녀들이 승낙을 하여, 자청비는 선녀들을 따라 하늘나라로 올라가게 됐지. 하늘나라로 올라간 자청비는 문도령이 사는 집을 찾아가 밤이 되기를 기다렸어. 마침 휘영청 밝은 달이 떴는데, 담 밖을 서성이다 보니 안에서 노랫소리가 들려.

"저 달이 곱다마는 인간 세상 자청비만 할까 보냐."

들어 보니 다름 아닌 문도령 목소리거든. 자청비도 받아서 노래를 불렀지.

"저 달이 밝다마는 하늘나라 문도령님만 할까 보냐."

그 노랫소리를 듣고 문도령이 깜짝 놀라 문밖으로 나와 보니 자청비가 와 있거든. 이렇게 해서 둘은 다시 만나게 됐어.

그 뒤 자청비는 문도령과 함께 하늘나라에 살다가, 한번은 지하궁 도적 떼가 하늘나라 옥황궁을 쳐들어오자 군사를 이끌고 나가 싸웠어. 본디 옥황 상제가 문도령더러 군사를 이끌고 나가 싸우라 명을 했는데, 자청비가 문도령 대신 자기가 나가 싸우겠다고 했지.

자청비가 말을 타고 갑옷 입고 칼을 차고 투구 쓰고 일만 군사를 이끌고 싸움터에 나가 바람과 구름을 일으키며 용감하게 싸우니 당할 적군이 없어. 싸운 지 사흘 만에 크게 이기고 돌아오니 옥황상제가 기뻐하며 물어.

"큰 공을 세운 장수에게 상을 주는 것은 옥황궁의 오래된 법이니라. 사양치 말고 소원을 말하여라."

"다른 것은 그만두고, 인간 세상 사람들이 아직 농사짓는 법을 모르니 갖가지 곡식 씨앗이나 주십시오."

옥황상제가 갖가지 곡식 씨앗을 상으로 내리니, 자청비가 그것을 얻어 문도령과 함께 인간 세상으로 내려왔어. 그날이 바로 칠월 백중날이라, 지금도 칠월 백중날에는 농부들이 곡식 씨앗을 상에 올려놓고 제사를 지내기도 하지.

자청비가 인간 세상에 내려와 전에 살던 집으로 가 보니, 어머니 아버지는 보이지 않고 정수남 혼자 빈 마당에 쓸쓸히 앉아 있거든.

"정수남아 정수남아, 어머니 아버지는 어디 가시고 너 혼자 있느냐?"

"두 분은 오래전에 돌아가시고 나 혼자서 집을 지키며 아기씨 돌아오기만을 기다리고 있었습니다."

어머니 아버지 장사를 지낸 뒤에, 세 사람이 세상을 돌아다니며 백성들에게 온갖 곡식 씨앗을 나누어 줬지. 그리고 농사짓는 법도 가르쳐 줬어.

백중날 음력 7월 15일로, 농부들이 김매기를 끝낸 뒤 음식과 술을 나누어 먹으며 하루 동안 푹 쉬며 놀던 날

그로부터 문도령은 상세경으로 모든 농사를 다 다스리고, 자청비는 중세경으로 온갖 곡식과 나물 가꾸는 일을 맡아 보고, 정수남은 하세경으로 온갖 집짐승 기르는 일을 맡아 보게 됐지.

자청비가 세상 사람들에게 씨앗을 나누어 주다 보니 씨앗 한 가지를 빠뜨리고 안 가져왔다는 걸 알게 됐어. 그래서 뒤늦게 하늘나라에 다시 올라가 그 빠뜨린 씨앗을 마저 가져와 세상에 퍼뜨렸지. 그것이 바로 메밀이야. 그래서 요새도 메밀 씨는 다른 씨앗보다 조금 늦게 뿌린단다.

백 장군과
해동국 공주

―겨레의 터전―

백두산은 옛날부터 우리나라에서 가장 높은 산으로, 겨레의 넋이 깃든 산이라고 일컬어졌지. 그런 까닭에 백두산에 관한 이야기도 여러 가지가 전해 오고 있단다. 이번에는 백두산 천지가 만들어진 내력과 용궁 지킴이에 얽힌 이야기를 들려줄게. 용감한 백 장군과 씩씩한 해동국 공주가 힘을 합쳐 사나운 검은 용을 물리치고 백두산 천지를 만들었다는 이야기, 우리 겨레의 당당하고 우람한 힘을 느낄 수 있는 이야기지. 어서 빨리 들어 보고 싶지 않니?

멀고 먼 옛날, 하늘나라 옥황상제가 땅 위에 높고 아름다운 산이 없는 것을 한탄하여 직접 산을 하나 만들었어. 만들어 놓고 보니 참 보기에 좋아서 이름 짓기를, 사시사철 흰 눈을 머리에 이고 있다 해서 백두산이라 했지.

  백두산은 높고 아름다울 뿐 아니라 푸나무 무성하고 산짐승도 많아서 사람 살기에 참 좋았어. 산에서 흐르는 맑은 물이 사시사철 끊이지 않아 농사 짓기에도 좋았지. 그래서 백두산 아래에는 백성들이 많이 모여 살았어.

  그런데 한번은 동해 바다 너머에 사는 흑룡이 나타나 냇물이란 냇물은 모조리 불칼로 지져 버리지 뭐야. 그래서 온 마을에 물이 다 말라붙게 됐어. 그렇게 되니 백성들 고생이 이만저만 아니야. 농사를 지으려니 물이 있나, 밥을 해 먹으려니 물이 있나. 목도 타고 속도 타고 해서 견디기조차 힘든 판이지.

이즈음 백두산 아래 해동국 봉왕에게 딸이 하나 있었는데, 이 공주가 나이 차서 시집갈 때가 됐어. 재주 많고 어여쁘고 마음씨 고와 청혼하는 총각들은 차고 넘치건만, 어머니 아버지가 그중 좋은 혼처 골라 시집보내려고 하니 공주가 듣지를 않아.

"저는 흑룡을 몰아내고 백두산 물길을 되찾는 총각이 아니면 시집 안 가겠습니다."

공주 고집을 꺾을 길 없어 청혼하던 총각들이 하나 둘 꽁무니를 빼는데, 공주가 소문을 들어 보니 백 장군이라는 총각이 이미 오래전부터 물길을 되찾으러 나섰다 그러거든. 그런데 아무리 애를 써도 흑룡의 훼방 때문에 뜻을 못 이루고 있다는 거야. 고생 끝에 겨우 물길을 찾아 놓으면 흑룡이 나타나 불칼로 지져 버리고, 또 찾아 놓으면 불칼로 지져 버리고, 이래서 밤낮 허탕만 친다고 그런단 말이야.

그 소문을 듣고 공주가 백 장군을 찾아갔어.

"저는 흑룡을 몰아내고 물길을 찾는 총각한테 시집가겠다고 마음먹었습니다. 저와 함께 물길을 찾아봅시다."

둘이서 함께 물길을 찾아 백두산 꼭대기까지 올라갔지. 올라가서 흙을 파헤쳤어. 어쨌든 물길을 찾으려면 땅속에서 찾아야 하니까 말이야. 몇 날 며칠 동안 밤낮으로 흙을 파헤치니까 드디어 산꼭대기에서 한 줄기 맑은 물이 솟아나더래.

그런데 좋아할 겨를도 없이 흑룡이 또 나타나 불칼로 물을 지지는 거야.

백 장군이 용감하게 맞서 싸웠지마는 사나운 흑룡한테 당할 수가 있나. 싸우다가 끝내 불칼을 맞고 쓰러져 죽고 말았지.

공주는 쓰러진 백 장군을 붙잡고 눈물을 흘리며 울었어. 해가 지고 달이 뜨고 다시 해가 뜰 때까지 하염없이 울었지. 얼마나 울었는지 공주 흘린 눈물이 백 장군 몸을 흥건히 적실 만큼 됐어. 그랬더니 이게 웬일이야? 죽은 줄만 알았던 백 장군이 기지개를 켜면서 벌떡 일어나네. 공주의 눈물이 백 장군 목숨을 살리는 약이 된 게지.

백 장군이 되살아나자 공주가 일렀어.

"장군님 장군님, 백두산 기슭에 있는 옥장천 샘물을 석 달만 마시면 힘이 백배로 커진다 합디다. 그 물을 마시고 힘을 기르시지요."

"그럽시다. 당장 옥장천 샘물 있는 곳으로 갑시다."

백 장군은 공주와 함께 옥장천 샘물을 찾아가 움막을 지어 놓고 살면서 석 달 동안 샘물을 마셨어. 과연 그 샘물은 명약인지 한 달을 마시니 제 키만 한 바윗돌을 들고, 두 달을 마시니 집채만 한 바윗돌을 들고, 석 달을 마시니 산만 한 바윗돌을 들게 됐지.

그렇게 힘을 길러서 두 사람은 다시 백두산 꼭대기로 올라갔어. 가서 흙을 파헤치는데, 힘이 백배로 커진 덕분에 파서 던지는 흙더미도 어마어마하게 커졌지. 한 번 흙을 파서 던질 때마다 산봉우리가 하나씩 생기는 판이야.

그렇게 열두 번을 파서 산봉우리 열두 개를 만들고 나니, 드디어 백두산 꼭대기엔 커다란 연못이 생기고, 그 연못에서 맑은 물이 콸콸 솟아 나왔어.

그런데 아니나 다를까, 이때 또다시 흑룡이 나타나 불칼로 물을 지지려고 하는 거야. 그래서 또 백 장군이 나서서 싸웠지. 치면 막고 또 치면 막고, 이렇게 하루 종일 싸웠는데 결판이 안 나. 그래서 나중에는 공주가 나서서 함께 싸웠어. 공주도 석 달 동안 옥장천 샘물을 마신 터라 힘이 세거든. 둘이 힘을 합쳐 싸우니까 흑룡도 당할 수가 없지.

드디어 힘이 빠진 흑룡은 마지막으로 불칼을 던지고 도망가 버렸는데, 그때 흑룡이 던진 불칼이 연못 북쪽 벼랑에 떨어졌어. 그 바람에 벼랑이 둘로 갈라지며 그쪽이 움푹 패게 됐지. 지금도 백두산에는 북쪽으로 가장 큰 물길이 나 있는데, 그건 그때 흑룡이 던진 불칼 자국 때문이래.

이렇게 해서 흑룡을 몰아내고 나니 연못에는 맑은 물이 가득 차 넘실대고, 물길이 다시 생겨 백두산 아래로 졸졸 흐르게 됐어. 그 연못이 바로 백두산 천지야. 백 장군과 공주가 물길을 되찾자 백성들도 더는 걱정 없이 농사

짓고 잘 살게 됐지.

그 뒤로 백 장군과 공주는 옥황상제 명을 받아 천지 속에 들어가 수정궁을 짓고 살았어. 천 년이고 만 년이고 천지를 지키려고 말이야. 언제 다시 흑룡이 쳐들어와 물을 지져 놓을지 모르니까 잘 지켜야 되거든.

지금도 백두산에는 걸핏하면 검은 구름이 몰려오고 천둥 번개가 치며 비와 우박이 마구 쏟아지는데, 그건 흑룡이 다시 싸움을 걸어오기 때문이래. 벼락이 치는 건 흑룡이 불칼을 던지기 때문이고. 그렇게 한바탕 난리가 난 뒤에는 날이 맑게 개면서 오색 무지개가 뜨는데, 그 무지개는 백 장군 부부가 흑룡을 물리친 것을 기뻐하며 내건 깃발이래. 또 천지에 종종 흰 안개가 서리는 것은 백 장군과 공주가 우리가 여기에 있으니 얼씬도 말라고 흑룡에게 신호를 보내는 거란다.

온고지신 인터뷰
신화학자 김열규 교수님을 만나요

할머니의 따스함이 느껴지는 우리 신화

김열규 교수님은 한평생 우리 신화와 탈춤, 판소리, 민담, 문학 등을 통해 한국인의 삶과 정신을 연구해 온 한국학의 거장으로 손꼽힌답니다. 여든 나이에도 두세 달에 한 번씩 책을 낼 만큼 열정이 가득한 분이에요. 요즘도 아침에 일어나 커피 한 잔 하고 컴퓨터 앞에 앉으면 머리가 아주 맑아지면서 기발한 아이디어가 떠오르신대요. 공룡 발자국 화석으로 유명한 경상도 고성 바닷가 마을로 교수님을 찾아가서 재미나고 흥미진진한 우리 신화 이야기를 들어 보았답니다.

🧍 그리스 로마 신화 하면 뭔가 대단하고 풍부하게 느껴지는데, 우리 신화 하면 별로 떠오르는 게 없어요. 우리한테는 왜 그런 신화가 없는지 아쉽기도 하고요.

우리나라에도 신화는 풍부합니다. 그런데도 신화가 적거나, 아니면 아예 없다고 생각하는 건 관심이 없기 때문이겠죠. 왜 관심이 없을까요?

여러 이유가 있겠지만, 우선은 초등학교를 비롯해 중·고등학교에서 우리 신화를 다양하고 깊이 있게 배우지 않아서입니다. 서양의 경우에는 초등학교 때부터 신화를 배우고 즐깁니다. 신화를 통해 자신들 문화의 뿌리를 알게 하기 위해서지요. 내가 사는 나라나 민족의 뿌리와 색깔을 잘 이해하기 위해서는 신화를 꼭 알아야 합니다.

🧍 우리 신화가 없는 게 아니라 어려서부터 배우고 즐길 기회가 적어서라는 말씀이군요. 또 한 가지, 우리에게 신화가 없다고 생각하는 건 신화의 전통이 제대로 이어지지 못했기 때문입니다. 유교를 앞세운 조선 시대나 우리 문화를 의도적으로 파괴한 일제 강점기를 거치면서 '신화는 덜떨어진 미신'이라는 의식이 생겨난 거지요. 서양의 신화는 상상력이라고 말하면서 우리 신화는 미신이라고 여기는 건 우스꽝스러운 일입니다.

마지막으로 우리 신화의 색깔이 서양처럼 겉으로 드러나는 화려함이 아니라 할머니의 속정 같은 따스함이기 때문입니다. 우리 신화에 등장하는 신들은 인간과 크게 다르지 않을뿐더러 정을 느끼게 해서 왠지 가족 같은 친근함이 들기도 합니다. 마음속에 머물며 늘 힘을 느끼게 하는 거지요.

🧍 왜 그런지 좀 알겠네요. 그렇다면 신화가 어떤 이야기인지 좀 더 자세히 말씀해 주세요.

까마득한 옛날부터 사람들은 궁금한 것이 참 많았습니다. 특히 자연이 보여 주는 놀라운 힘은 사람들의 궁금증을 자극했지요. 세상은 어떻게 생겨났을까? 해와 달은 왜 번갈아 나타날까? 사람은 어떻게 생겨났을까? 사람은 죽으면 어디로 갈까? 이런 궁금증에 대한 답을 옛날 사람들은 '신'에게서 찾았어요. 그리고 오랜 세월이 흐르는 동안 그 답은 신성한 이야기가 되어 사람들 마음과 생각 속에 자리 잡은 거지요. 그것이 바로 신화이고, 그 신화가 생활 속에 나타난 것이 문화입니다. 아기를 갖기 원할 때 삼신할멈을 찾는 것, 산신에게 마을의 평안을 빌고, 어딘가에 있을 신에게 명과 복을 비는 것 모두가 우리 조상들의 생각에서 나온 문화인 거지요. 이렇듯 신화는 이야기를 통해 자연과 인간과 사회에 대한 궁금증을 설명해 주는 거예요.

🧍 우리 신화에는 어떤 것이 있나요?

우리 신화는 아주 다양합니다. 나라를 세운 영웅의 이야기인 건국 신화만 해도 고조선의 단군 신화를 비롯해서 부여의 해모수 신화, 고구려의 주몽과 유리왕 신화, 신라의 박혁거세와 탈해 신화, 고려의 작제건 신화 등이 있지요. 그리고 이 책에서 들려준 것처럼 백성들 사이에서 입에서 입으로, 혹은 굿을 하며 노래로 불린 구전 신화도 무척 많습니다. 구전 신화는 그 내용도 다

양해서 세상과 산천의 유래부터, 저승 세계나 바닷속 용궁처럼 우리가 볼 수 없는 '너머 세계'의 모습까지 보여 주고 있답니다.

 수많은 신화 가운데 가장 대표적인 우리 신화는 어떤 것인가요?

그야 물론 단군 신화입니다. 가장 오래된 신화이기도 하고, 지금까지 살아서 이어지고 있는 대표적인 신화이지요. "널리 사람을 이롭게 하라."는 단군의 홍익인간 사상이 이어져 오고, 개천절을 국경일로 정하고 있을 뿐만 아니라, 알게 모르게 우리는 단군의 자손이라는 생각을 갖고 있는 게 그 예랍니다.

 우리 신화만의 특이한 점, 재미있는 점은 무엇일까요?

우리 신화만의 재미를 많이 보여 주는 것은 아무래도 구전 신화예요. 구전 신화에 등장하는 신들은 저마다 능력이 달라요. 높은 신과 낮은 신의 구분 없이, 자식을 점지하고 무사히 낳게 해 주는 신, 가정을 돌보아 주는 신, 명과 복을 내리는 신, 죽은 후의 영혼을 돌보는 신 등으로 그 역할이 나뉘어 있어요. 이들은 모두 인간의 평안한 생활에 꼭 필요한, 이를테면 전문가 신인 셈입니다.

그런데 이 신들은 잘 대접하면 복을 주고, 잘 대접하지 않으면 벌을 주지요. 심지어 저승사자를 잘 대접해서 수명을 늘린 사람 이야기도 있을 정도예요. 이렇게 우리 신화는 생활과 딱 붙어 있습니다. 또 "지성이면 감천이다."라는 말을 즐겨 쓰는데, 무슨 일이든 지극 정성을 다하는 것이 복을 받는 길이라는 뜻이지요.

 신화학자로서 우리 신화에 등장하는 신 가운데 가장 좋아하는 신은 누구인가요?

해모수와 유리왕을 무척 좋아합니다. 해모수는 모험을 즐기는 장쾌하고 활기찬 인물이고, 유리왕은 지혜를 가진 인물이라서요. 해모수는 바로 고구려의 시조인 주몽의 아버지입니다. 하늘의 아들인 해모수가 다섯 마리 용이 끄는 수레를 타고 하늘과 땅을 오르내리는 모습, 하백의 딸인 유화를 얻기 위해 하백과 변신술 대결을 펼치는 모습을 생각하면 지금도 가슴이 띕니다.

또한 유리왕은 주몽의 아들입니다. 주몽이 부여를 떠나면서 "일곱 고개 일곱 골짜기 돌 위 소나무에 감추어 둔 물건을 찾아서 가지고 오는 사람을 아들이라고 인정하겠다."라는 수수께끼 같은 말을 남겼는데, 유리는 일곱 모서리로 깎은 소나무 기둥과 그 기둥을 받치고 있는 일곱 모서리의 주춧돌 밑에서 부러진 칼을 찾아내 왕이 되지요. 유리왕은 새로운 각도로 세상을 보는 힘을 가진 이였던 겁니다. 바로 이 점이 유리왕을 좋아하는 이유입니다.

 그런데 교수님, 유리왕은 신이 아니라 인간 아닌가요?

맞아요, 유리왕은 인간이죠. 하지만 옛날부터 우리 조상들은 "왕은 하늘이 낸다."고 생각했습니다. 하늘의 뜻을 받들어 백성을 평안하게 하는 사람이 바로 왕이고, 그런 왕은 영웅적인 면모를 지닌 사람, 즉 신 같은 인물이라고 할 수 있지요. 고대 시대일수록 신과 왕의 경계가 불분명했으니까요.

🧒 신화에 담겨 있는 옛사람들의 지혜는 무엇일까요? 또 오늘날 우리가 신화에서 배워야 할 점은 무엇일까요?

무엇보다 하늘과 땅, 그리고 온갖 자연의 사물에는 영혼이 깃들어 있어서 사람만큼 존중되어야 한다는 것입니다. 금쟁반과 은쟁반에 떨어진 벌레가 사람이 되었다는 이야기는 그저 황당한 이야기만은 아닙니다. 그것은 사람도 자연의 일부이고, 생명은 그만큼 소중하다는 생각을 담고 있는 이야기입니다. 그런 의미에서 오늘의 우리들이 자연을 파괴하고, 또 무시하고 있는 점을 뉘우치게 합니다.

또 석가가 미륵과의 내기에서 속임수를 썼기 때문에 세상에는 악이 존재하게 되었다는 이야기에는 선을 지키며 살아야 한다는 교훈이 담겨 있고, 당금애기나 자청비 이야기에는 고난을 극복한 자가 큰 행복을 얻을 수 있다는 진리가 담겨 있지요. 신화의 상상에는 세상에 대한 이해가 깔려 있는 것입니

다. 그 변하지 않는 교훈 때문에 신화는 계속해서 이야기되는 것입니다.

🧒 마지막으로 신화와 관련해서 어린이들에게 전하고 싶은 말씀이 있다면 들려주세요.

저는 어렸을 적 할머니의 아들로 살았습니다. 할머니의 사랑과 정을 듬뿍 받았다는 얘기인데, 무엇보다 할머니가 들려주시던 '이바구(이야기)'가 무척 재미있었습니다. 바로 그 점이 나의 글쓰기의 원천이 되었고요. 지금은 그런 경험을 할 수 있는 어린이가 많지 않을 테니, 대신 신화를 많이 읽기를 권합니다. 그것도 재미있는 이야기로요. 신화를 읽으면 상상력이 커지고 미지의 세계에 도전하고픈 마음이 생길 테니까요. 우리 어린이들이 마음속으로나마 현실을 뛰어넘는 무한한 도전을 즐기면 좋겠습니다.

잘 감긴 실타래에서 실이 술술 풀려 나오듯, 김열규 교수님의 신화 이야기는 끝없이 이어졌어요. 우리 신화에 대한 교수님의 뜨거운 열정과 관심을 고스란히 느낄 수 있었답니다. 점심때쯤 시작된 인터뷰는 저녁 황혼 빛이 바다를 검붉게 물들인 뒤에야 끝났지요. 우리 옛 신화의 풍성함에 흠뻑 빠져들었던 행복한 시간이었답니다.

> **한국학의 거장, 김열규 교수님**
> 서울대학교 국문학과를 거쳐 같은 학교 대학원에서 국문학과 민속학을 전공했지요. 서강대학교 국문학과 교수, 하버드대학교 옌칭 연구소 객원교수, 계명대학교 한국학연구원 원장을 거쳐 지금은 서강대학교 명예교수로 있습니다. 쓴 책으로 《한국인의 신화》, 《장군별이 지켜준 인어 장수: 김열규 할아버지가 들려주는 우리나라 신화》, 《도깨비 본색, 뿔난 한국인》 등이 있습니다.

 온고지신 정보마당

거인 여신, 설문대할망이 만든 제주도

설문대할망은 제주도를 만들었다는 창조신이자, 거대한 몸을 가진 거인 여신이에요. 한라산을 베개 삼아 누우면 다리가 바다에 닿아서 물장구를 칠 정도로 몸이 컸지요. 또 누울 때 다리를 잘못 뻗는 바람에 바다에 떠 있는 섬을 건드렸는데, 이때 발가락에 찔린 자국이 동굴이 되었대요. 그 동굴이 지금 서귀포 앞 범섬에 있는 동굴이에요. 이렇듯 제주도에는 설문대할망 전설과 관련된 곳이 많아요. 제주도 곳곳에 남아 있는 설문대할망의 흔적을 따라가 볼까요?

제주도는 어떻게 만들어졌을까?

아주 먼 옛날, 설문대할망이 넓디넓은 바다 한가운데에 섬을 만들기로 했어요. 할망은 치마 가득 흙을 담아 나르기 시작했지요. 한참을 퍼 나르자 드디어 제주도가 만들어졌고, 섬 가운데 불룩 솟은 산봉우리는 하늘에 닿을 듯 높아졌어요. 이 산봉우리는 은하수를 만질 수 있을 만큼 높다는 뜻에서 '한라산'이라 이름 붙여졌는데, 산봉우리가 너무 높아 봉우리를 꺾어서 던졌더니 안덕면 사계리로 떨어져 산방산이 되었지요. 또한 흙을 나르다 터진 치마 구멍으로 흘린 흙들이 여기저기에 쌓여 360여 개의 오름이 되었다고 해요.

설문대할망은 얼마나 컸나?

설문대할망은 엄청나게 키가 큰 할머니였어요. 얼마나 컸냐면, 할망이 빨래를 할 때는 한라산 백록담에 걸터앉아 왼쪽 다리는 관탈도에, 오른쪽 다리는 서귀포 앞바다 지귀도에 걸쳐 놓고, 성산 일출봉을 바구니 삼고, 우도를 빨랫돌 삼아 빨래를 했대요. 또 성산 일출봉 기슭에 있는 촛대 모양의 등경돌 바위에 등잔을 올려놓고 바느질을 했다고 해요.

성산 일출봉의 등경돌 바위

설문대할망을 기리는 설문대할망제

제주도 사람들은 생명과 자연과 사랑이라는 가치를 준 설문대할망을 마음속의 어머니이자 고향으로 여기며 제사를 올렸어요. 지금도 해마다 5월이면 제주 돌문화공원에서는 설문대할망을 모시는 행사인 설문대할망제가 열린답니다. 또 설문대할망 테마 공원을 만들어 넓디넓은 가슴으로 세상을 품에 안은 사랑의 여신인 설문대할망을 기리고 있답니다.

설문대할망과 오백 장군에 얽힌 슬픈 전설

한라산 중턱의 영실에는 기암절벽이 하늘 높이 솟아 있는데, 이 바위들을 가리켜 오백 장군이라고 불러요. 사람들은 오백 장군을 설문대할망이 설문대하르방과 결혼해서 낳은 아들이라 여기지요. 그런데 설문대할망과 오백 장군에게는 애달픈 사연이 전해 온답니다. 옛날 어느 해, 흉년이 크게 들어 먹을 것이 없자 오백 형제가 모두 양식을 구하러 갔어요. 그런데 어머니는 아들들이 돌아와 먹을 죽을 끓이다가 그만 발을 잘못 디뎌서 솥에 빠져 죽고 말았지요. 아들들은 그런 줄도 모르고 돌아오자마자 죽을 퍼먹기 시작했지요. 맨 나중에 돌아온 막내가 죽을 먹으려고 솥을 젓다가 큰 뼈다귀를 발견하고는 마침내 어머니가 죽은 것을 알게 되었어요. 막내는 어머니를 부르며 멀리 한경면 고산리 차귀도로 달려가 바위가 되었고, 형들은 어머니를 그리며 크게 슬퍼하다가 모두 바위로 굳었는데, 이들이 바로 오백 장군이지요.

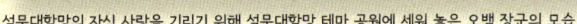
설문대할망의 자식 사랑을 기리기 위해 설문대할망 테마 공원에 세워 놓은 오백 장군의 모습

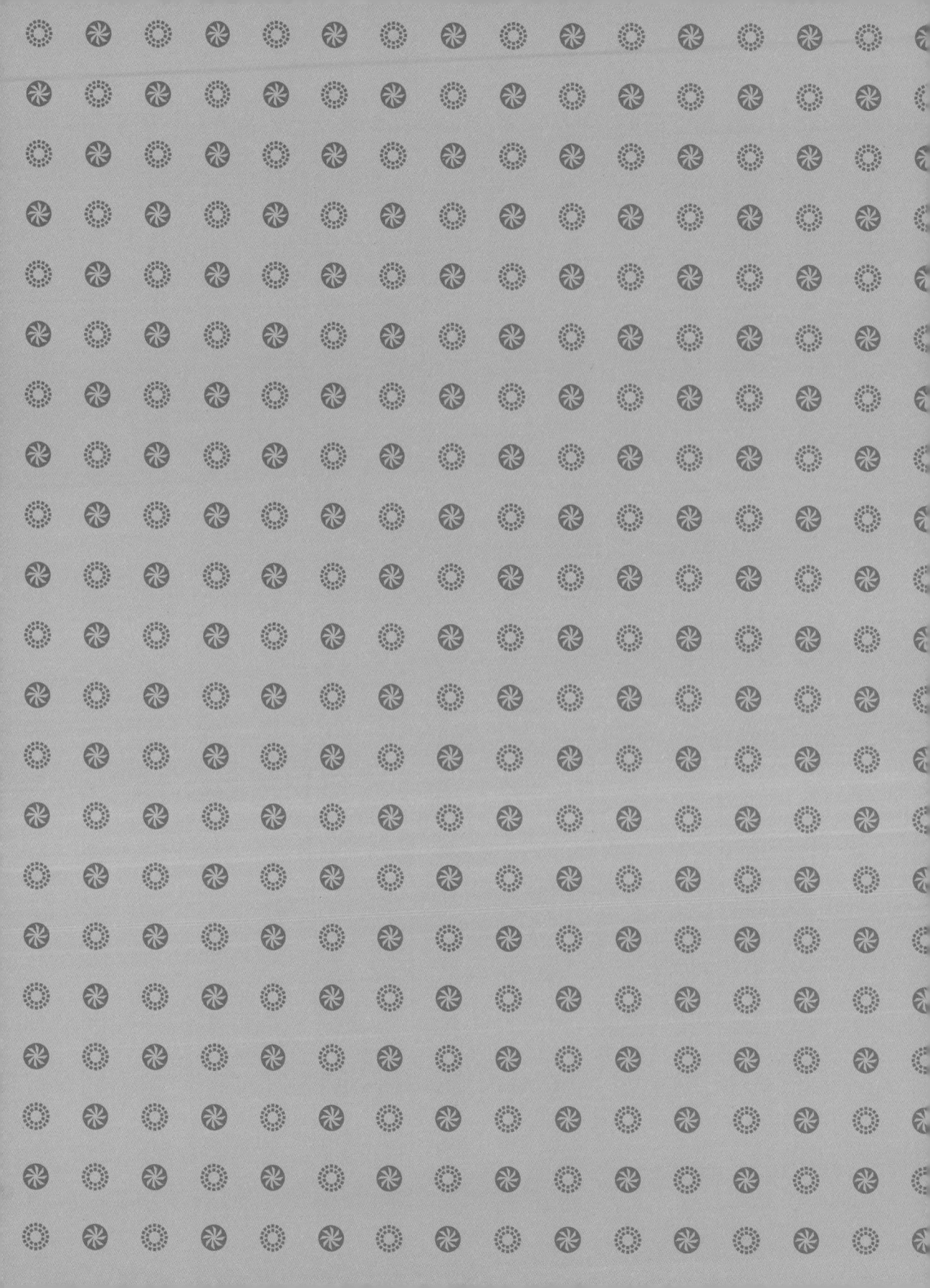